U0917593

陈赛 著

关于人生，我所知道的一切都来自童书

中信出版集团 · 北京

图书在版编目（CIP）数据

关于人生，我所知道的一切都来自童书 / 陈赛著
. -- 北京：中信出版社，2017.4（2023.9重印）
ISBN 978-7-5086-6971-7

I. ①关… II. ①陈… III. ①家庭教育 IV. ①G78

中国版本图书馆CIP数据核字（2016）第269002号

关于人生，我所知道的一切都来自童书

著　　者：陈　赛
出版发行：中信出版集团股份有限公司
（北京市朝阳区东三环北路27号嘉铭中心　邮编　100020）
承 印 者：唐山楠萍印务有限公司

开　　本：880mm×1230mm　1/32　　印　　张：10.75　　字　　数：218千字
版　　次：2017年4月第1版　　印　　次：2023年9月第8次印刷
书　　号：ISBN 978-7-5086-6971-7
定　　价：58.00元

服务热线：400-600-8099
投稿邮箱：author@citicpub.com

目 录

c o n t e n t s

第二章 关于人生，我所知道的一切都来自童书

第三章 打开孩子的脑洞

第四章 书单

附录

序

置身时间之外

前不久，我看了一部叫《心灵病房》（*Wit*）的电影，讲一位学识渊博、不近人情的英语文学教授维维安，穷其一生钻研英国17世纪玄学派诗人约翰·道恩关于死亡的诗词。有一天她突然被诊断为末期卵巢癌，从此必须每天在病床上毫无尊严地接受各种检查与治疗，病痛和医生的冷漠令她备受折磨。直到最后，她的老师爱弗斯教授来看她时，她像个脆弱的孩子一样向教授倾诉自己的痛苦。教授将她抱在怀里，想给她念一首道恩的诗，但她拒绝了。于是，老师又拿出一本《逃家小兔》，轻轻地念道：

"从前有一只小兔想逃家……"

最后，维维安安静下来，在老师的怀中沉沉睡去。

归家、离家、归家，是小兔子对生命的遐想，也是生命最真实的轮回。在一位学者人生最后的时光里，面对死亡带来的种种恐惧和忧伤，却是这样一本小小的绘本，给了她最纯粹的平静、安宁，以及抚慰。

日本儿童文学家柳田邦男说："人的一辈子有三次读童书的机会，第一次是自己是孩子的时候，第二次是自己抚养孩子的时候，第三次是生命即将落幕，面对衰老、疾苦、死亡的时候。我们都会出乎意料地从童书中读到许多可以称之为新发现的深刻意义。”

其实，人生这三次读童书的机会，说起来都与时间有着莫大的关系——事关生命的开始与终结，唤醒的是我们生而为人最根本的生之困惑与死之焦虑，逼迫我们从日常琐事的生存模式中跳出来，重新对生命中的轻重缓急进行排序。

我们常常意识不到时间在生活中所扮演的重要角色。美国心理学家津巴多写过一本叫《时间心理学》的书，专门谈一个人对时间的认识如何决定了他／她看待事物和生活的角度，也决定了他／她的生活。

从这个角度来说，一个孩子体验时间的方式其实与成年人有很大的不同。对成年人来说，时间像一支箭，始终指向一个方向；孩子们的时间却像一个圆圈，它哪儿也不去。所以，我们的时间高效却贫乏，而孩子的时间虽然没什么效率可言，却是开放的，充满了可能性——万物都是惊喜，任何事情都有可能发生，他们的世界每天都焕然一新，闪闪发亮。

我觉得真正优秀的童书作家对于这一点体会极深。比如一本叫《第一次上街买东西》的日本绘本，讲一个 5 岁的小姑娘第一次独自上街买东西的故事。就在离家几步路远的一个街口小店，她一路走过去，却是跌宕起伏，惊心动魄，不亚于一场辉煌的冒险，因为她所遭遇的每一个人、每一件事、每一个意外，都闪耀着新奇和初次体验的光芒。人生所有的第一次不都是如此吗？

作为一个成年人，如果你也被童书吸引，大概也与这种置身于时间之外的感觉有很大的关系。就像我自己，每次重读《柳林风声》或者《小熊维尼》时，都会觉得是从岁月那里偷回了一点点时光。百亩林里从来不会发生什么惊天动地的事情：一次平凡的远征，在森林里四处串门，被莫须有的长鼻怪吓得魂飞魄散……这样的慢慢悠悠、磨磨蹭蹭、无所事事对成年人而言未免过于奢侈，但对孩子来说却是再自然不过的生活态度。

以前，我总以为童年是一个阶段，一段不成熟的时光，它存在的意义就是为以后更重要的人生做准备。只要我足够努力，就会变得睿智、强大，可以洞悉人生的意义。但现在我更倾向于认为，成长是一个不断失去而不是不断获得的过程。在这个过程中，我们失去天真，失去好奇心，失去想象力，失去人生的各种可能性。从这个角度来说，孩子也许比我们更能理解生命的意义，也更懂得生活的艺术，因为他们更有耐心，也更忠于自己的本心，做自己热爱的事情。

前不久，我遇到瑞典的著名童书作家乌尔夫·尼尔松先生。他60多岁了，跟弟弟一起来中国旅行，北京只是中转站，他们真正的目的地是蒙古希拉穆仁草原，因为他们听说那里天大地大、白云碧草、风景壮阔。

我问他："通常这种旅行都是跟妻子一起，不是吗？"

他若有所思地说："当你60多岁的时候，可能也会愿意跟你的弟弟一起去一个遥远的国家走走，作为一种人生重聚的方式。"

我想，阅读童书也可以作为一种人生重聚的方式吧。隔着二三十年的时光，和自己内心那个10岁的孩子重聚，试着用他/她的时间重新度量人生，用他/她的时间眼睛重新打量世界——那种对世界尚且充满温柔、善意和期待的目光。

陈赛

第一章

世界上最经典的童书作家们

《小王子》：如何为一朵玫瑰负责？

狐狸说，喏，这就是我的秘密，很简单——只有用心灵看，才能看得清楚；本质的东西，眼睛是看不见的。

在法国，关于安托万·德·圣-埃克苏佩里（Antoine de Saint-Exupéry，1900—1944）的传记出了40多本，最新的一本是捷克绘本作家彼得·希思（Peter Sis）的《飞行员与小王子：圣-埃克苏佩里的一生》。希思12岁时第一次读到《小王子》，当时捷克还在铁幕统治之下，他立刻知道这是一本特别的书，"在一个封闭黑暗的小国家，突然有一本书告诉我人生可以多么美好"。

过去70年里，《小王子》是法语文学中译本最多（超过250种语言，包括印度群岛的土语和印度土邦的地方语）、销量最高（超过2亿册），最为世人所钟爱的作品之一，被改编成无数的电视、电影、音乐剧、歌剧、芭蕾舞剧。他逝世50周年，圣-埃克苏佩里与小王子的肖像被印在面值50的法郎的票面上。但是，即使70年后的今天，关于这本书的意义——它的目的、动机和所蕴含的道德理念，仍然让人困惑。这到底是一个什么故事？

一个飞行员在沙漠坠机，生存机会渺茫，却遇到一个奇怪的男孩，说是男孩，又不是男孩，他仿佛从时间中穿梭而来。他说自己原本住在一个遥远的星球，与一朵玫瑰相伴，这朵玫瑰让他痛苦，于是他乘坐一群迁徙的候鸟，逃离了自己的星球。他一路游历，最后来到地球，驯服了一只狐狸，与一条蛇达成了死亡协议。小王子与飞行员的对话，躲躲闪闪，貌似憨傻稚气，却又暗藏深意。最后一颗孤星下两条寂寥的交叉线，小王子到底是死了，还是回到了自己的星球？

玫瑰是圣-埃克苏佩里的妻子康素罗·桑星，一位典型的南美美人。她有一头乌黑的长发，她和玫瑰一样任性、虚荣、喜怒无常，时时需要别人的关注，说谎时以咳嗽和昏倒转移别人注意力。她有哮喘，对空气的敏感就像小王子用玻璃罩保护起来的玫瑰。但她活泼、慧黠、充满了艺术气息，是那种能在一个帽子里迅速看到蛇吞大象的女人。如果你问她来自哪里，她也许会说，“我从天上来，星星是我的姐妹”。圣-埃克苏佩里 30 岁那年在阿根廷遇见她，立刻为她的美貌和“狂野的灵魂”所倾倒。为了讨她欢心，他费心思去证明他比她死去的前夫（著名记者、冒险家高曼·伽利略）更有才华，他经常把自己锁在房间里几天几夜，奋笔疾书，然后将完稿读给她听。不完成五六页稿子，不可以与她见面。《夜航》即为她所写。她是一位出色的画家，他的绘画技巧深得她的指导和熏陶。从任何一个角度看他们都是一对佳偶。他们于 1931 年成婚，新娘在婚礼上却穿了一件黑色的丧服。

像玫瑰折磨小王子一样，康素罗折磨着圣-埃克苏佩里。她挥霍成性，纵情玩乐，身边经常围绕一群超现实主义艺术家。圣-埃克苏佩里固然深情，但天性落拓不羁，又有霸道粗鲁的一面。他们无法在一起生活，但离开她又让他痛苦——她在他心中，如植物在地里，“缺少她的世界是一片黑暗”。就像小王子说的，“如果有一个人爱上浩瀚星辰中独一无二的一朵花，那么这个人仰望天空的繁星时，就会感到无比幸福。他会告诉自己：‘我的花正在远方某处。’但如果这朵花被羊吃了，对他来说，所有星光会在刹那间完全熄灭。”

除了玫瑰之外，《小王子》的很多东西都可以从圣-埃克苏佩里的生活中找到原型：小王子用来煮饭的火山来自南美洲的巴塔哥尼亚高原，面包树来自非洲的达喀尔，都是他早期驾驶飞机开拓非洲—拉丁美洲航线时看熟的风景，漫天繁星也许来自摩洛哥的尤比岛的夜空——圣-埃克苏佩里曾在那一带的阿拉伯部落驻扎，独自一人住在荒弃要塞的一间小木屋里，为迫降的飞机提供接应和支援，那里一半是海水，一半是沙漠，“是世界上最孤独的地方”。水井是他家乡里昂的一口井，而那位忙碌的点灯人是他童年时代所居住的圣莫里斯城堡的一位点灯人。在那座城堡，他度过了一生中最快乐的童年时光，他曾经给母亲写信说，“我不确定告别童年后我是否活过”。

沙漠里那只被驯养的小狐狸可能是他在纽约的情人西尔维亚·赖因哈德（Silvia Reinhardt）。她向他抱怨等待的甜蜜与痛苦：“当我知道你将要到来，我的心就开始跳舞。”她为他的写作提供酒、可乐、煎鸡蛋、英国松饼与烛光。她的一只贵妇犬是小绵羊的模特，她为他买的一只拳师犬是玫瑰臆想中的那只老虎。她的法语和他的英语一样烂，但他们的交流完全可以超越语言的界限，所以小狐狸说：“语言是误会的源头。”在最后一次飞行之前，他把《小王子》的手稿和一部老相机送给她作为礼物。

飞行是圣-埃克苏佩里一生的挚爱，其狂热程度甚至超过爱情（很大程度上，正是飞行生涯中归期不定的离别与等待对他们的婚姻造成了致命的伤害）。12 岁那年，他把一辆自行车改造成了一架飞机。当然，那架飞机没有飞起来，他直到 21 岁才得到第一份飞行员的工作，在法国和西班牙之间运送邮件，是航空史上的先驱人物之一。正是在长期飞行的孤寂、狂暴，以及不时的命悬一线中，他开始写作。飞行不仅给了他自由、明晰的思维，还有类似于上帝的高处视野。从高空中，他看到“地球的主要根基是山、沙和盐碱组成的底座，生命在这里，只是像瓦砾堆上的青苔，稀稀落落在夹缝中滋生”；他也看到地球上生命形成的偶然性和脆弱性：一次火山爆发，一次海陆变迁，一场风沙可以毁灭一种文明。所以，他说，“生命归根结底不是上帝赐予的礼物，而是人人都要面临的一个问题”，也就是说，人被抛入这个世界，必须做出自己的选择，以行动赋予生活以意义。

在 20 多年的飞行生涯中，圣–埃克苏佩里遭遇过很多起意外。1935 年，为了赢取一笔 15 万法郎的奖金，他从巴黎出发，决定在 99 个小时内飞到西贡。但飞机中途在利比亚沙漠坠毁，他在死亡线上挣扎了 3 天，险些脱水而死。那是《小王子》的开头，当时记忆中的孤独、幻觉、濒死体验也都被写进了故事。大概也是从那时开始，圣–埃克苏佩里喜欢在餐馆、咖啡酒吧的提花餐巾纸上，任意涂抹一个“孤独的小人儿”，有时戴一顶王冠坐在云端里，有时站在山巅上，有时欣赏蝴蝶在花间飞舞。

小王子的故事与圣–埃克苏佩里的人生相互映照，前者轻灵忧伤，后者壮阔深沉，其交叠之处绝非一场风花雪月的爱情那么简单，而是有着更广阔的视角，更深切的关怀，关于生命的美与代价、对大地的责任，甚至人类的命运。

狐狸告诉小王子：“正因为你在玫瑰身上耗费了太多时间，所以玫瑰显得非常重要。男人往往忘了这个道理。征服之后，你得花一辈子的时间负责。你对玫瑰有责任。”

人在荒凉的土地上照料一棵脆弱孤独的植物，是圣-埃克苏佩里的作品中经常出现的意象。其中除了爱的隐喻之外，还有一种园丁式的情怀与责任感——不仅是对玫瑰的责任感，还有对大地的责任感。正因为这种责任感，小王子才对猴面包树苗那样忧虑不安；也是出于这种责任感，他在 43 岁时带伤重回战场，驾驶侦察机飞赴敌方阵地上空，并永远消失于海面。

可能很少有人意识到，如梦似幻的《小王子》其实是一个战争故事——不仅在隐喻的意义上如此（疏离、恐惧、不确定，种种情感的冲突与战争），事实上，它的写作与“二战”期间法国战败直接相关。正是对法国在这场战争灾难中的耻辱感与困惑，促使圣-埃克苏佩里写下了这样一个故事。

1937 年，法德刚刚交战，圣-埃克苏佩里应征入伍，参加空中侦察行动，目睹法国军队大溃退。不久维希政府与希特勒签订停战协定，他复员后沉默彷徨了一段时期，辗转北非、葡萄牙来到了美国。《小王子》就是 1942 年他在纽约写的。当时纽约各大书店橱窗里都张贴着他的《风沙星辰》的封面海报，他的名气很大，也得到美国朋友很友好的接待，但心境上他却处于极度苦闷和忧郁之中。法国被占领，在纽约的法国流亡者分裂成维希派和戴高乐派两个势不两立的阵营，圣-埃克苏佩里力图保持中立，却为两方所孤立和中伤。他唯一寄希望于美国能出手救法国，但当时美国置身事外的孤立主义政策更令他意志消沉。纽约的生活与他格格不入，他拒绝学英语，健康状况恶化，与康素罗纠缠多年的婚姻似乎也快要走到尽头。在这样艰难的境况下，重新回到一个孩子的眼光审视这场战争和身处的世界，似乎是他唯一的慰藉和出路。

小王子从星星到沙漠，一路遭遇形形色色的人，国王、酒鬼、学者、商人，甚至可怜的点灯人，他们只对数字感兴趣，却对星星和花朵漠不关心。因为他们都是活在“观念”之中的人，意识不到生活的意义就在于生活本身，而不是那些荒唐的编号。战争将一个个鲜活的人与人的命运抽象化为伤亡人数，而圣-埃克苏佩里希望拯救人，而不是数字。在他看来，法国战败的根源恰恰在于意义的迷失。

与他同时代的法国历史学家马克·布洛赫（Marc Bloch）在经历了同样漫长而痛苦的追问之后，得出相似的结论，军事逊色只是整个法国民族心灵失调下的产物之一。他将这一心灵失调的根源追溯到法国人抽象思维的习惯——法国传统是把具体问题理论化、观念化、模型化，以至模型与观念变得比现实更重要，最终以僵固的心灵去看待一切存在的事物。“在我的领域（作为历史学家。——作者注），第一任务是避免大的抽象概念。那些教历史的人应该在空洞抽象的概念背后持续寻找切实可靠的现实。也就是说应该关注人，而不是功能。”

小王子的整个旅行就是一次放逐，从一种普遍观念到对一朵具体的花的爱——你不能爱玫瑰，你只能爱某一朵玫瑰，“因为她是我浇灌的。因为她是我放在花罩中的。因为她是我用屏风保护起来的。因为她身上的毛虫（除了留下两三只为了变蝴蝶而外）是我除灭的。因为我倾听过她的怨艾和自诩，甚至有时我聆听着她的沉默。因为她是我的玫瑰”。也正是在这个意义上，小王子说，真正重要的东西都是眼睛看不到的，要用心去看。就像故事开头那幅奇怪的画，小孩子看到蛇吞大象，而成年人只看到一只帽子——具体对抽象的胜利。

是什么遮蔽了成年人的眼睛？

权力、贪婪、虚伪、狭隘，就像小王子在旅行中遇到的那些大人，整天忙忙碌碌，像一群群没有灵魂的苍蝇，喧闹着，躁动着，沉溺于人世浮华，专注于利益法则，再也听不到灵魂深处的声音。我们把自己弄丢了。

1944 年 7 月 31 日上午 8 点 45 分，圣-埃克苏佩里驾驶未经武装的 P38 型侦察机从科西嘉岛北边的巴斯蒂亚启程，飞往里昂以东，距离他童年时代的圣莫里斯城堡仅 60 公里。那是一个美丽的夏日，但他再也没有返航。小王子曾说，忧伤的人喜欢看日落，“有一天，我居然看了 44 次日落”。那一年，圣-埃克苏佩里刚好 44 岁。

25 天后，巴黎解放。

资讯：小王子的十一堂课

1．看事物要超越事物表面。

2. 不要隐藏真实的感情，否则你会付出惨重的代价，就像小王子向玫瑰道别时，她却没有挽留。

3. 评判别人之前先评判自己。

4. 渴求他人崇拜，等于不是为自己而活。

5. 借酒遗忘某些人或事都属于恶性循环，徒劳无益。

6. 不要把自己太当真。

7. 莫忘偷得浮生半日闲。

8. 探索也应追随直觉。

9. 相信那些不同寻常的人——你可能会学到点儿什么。

10. 珍惜、关爱你拥有的东西，
因为它们无可替代。

11. 有时候，放手才是真爱。

波特小姐的秘密日记

终其一生，波特小姐对自然的迷恋，既不抽象，也不哲学，而是她成年生涯里极其具体而微的艰苦工作。

——琳达·里尔，《波特小姐：维多利亚天才的传奇一生》

波特小姐的秘密日记

简·奥斯汀的小说里经常有这样的主人公：早慧的女孩在严厉的家教下沉默顺从，却偷偷写着一本秘密日记。

比阿特丽克斯·波特（Beatrix Potter，1866—1943）就有一本秘密日记，从14岁写到31岁，记录了一个漫长的青春期。日记用一种极小的字体，类似一种加密的文字写成，以保证她的隐私——即使按当时维多利亚时代的标准来说，波特小姐的家教也是极其严格和刻板的。

在她死后20年，一个执着的收藏者耗尽半生的精力破解了这些密码，我们得以从她自己的文字来了解这位维多利亚时代的奇女子——她对人生的务实态度、强烈的好奇心，以及从日常生活的荒谬中寻找的幽默感。

波特小姐的童年没有悲剧，但她过着一种罕见的孤独生活。她没上过学，没有玩伴，大概也从没玩过孩子的游戏。大部分时间，她都与弟弟柏川·波特待在博尔顿花园 2 号二层阴暗的家庭教室里度过。在那里，他们各自养了许多宠物，包括兔子、蝙蝠、刺猬、蜥蜴。

波特小姐的家境很富裕。父亲鲁伯特·威廉·波特是个富贵闲人，虽然有律师执照，但大半时间耗在绅士俱乐部度日，这是他表现自己高贵身份的一种方式。他热衷于艺术收藏，还是早期的摄影发烧友。母亲海伦·波特是曼彻斯特纺织业巨商的女儿，结婚后伦敦的社交圈成了她人生的全部重心。在好莱坞电影《波特小姐》中，波特夫人被刻画成一个古板乏味的妇人，波特小姐一生很多的痛苦都源自这位难以相处、控制欲极强的母亲，但真实的波特夫人其实在艺术上也颇有天分，尤其在水彩画上很有造诣。

她的秘密日记里没有多少对父母的抱怨，更多的是一个小女孩对周围世界细致入微的观察和记录：动物、花草、艺术展、博物馆，她旅行过的地方，以及家庭聚会上关于政治、艺术和社交八卦的讨论。

她的日记中最动人的部分就是对祖母老宅Camfield 庄园的怀念。她出生那一年，祖父买下了Camfield庄园。她对于自然之美最初的感知来自那个房子。她的日记里充满了对那里的鸟鸣、花香、农场动物、新鲜牛奶、温暖的鸡蛋的记忆。 她写道："Camfield庄园的生活是一个完美的整体，每一样东西都像是一个老钟摆的某个部件，弥漫着新鲜干草的味道和安全、懒散的富足感。"

波特小姐是第一位集图文于一体的儿童绘本作家。她在文字上的想象力和表达力甚至要早于绘画。但这本日记里因为没有绘图，经常被后世的研究者忽视。只有美国绘本作家莫里斯·桑达克对它赞誉有加，认为它是一本上佳的文字素描，“展示了一个艺术家是如何教会自己观察与创作的”。

苏格兰的一个夏日

根据秘密日记的记载，1893 年 9 月的一天，波特小姐发现了一种非常罕见的真菌“森林老人”，并画下样本，寄给了她的老师查尔斯·麦克因托奇（Charlie McIntosh）。出于一种科学的严谨态度，她随信还附了一张自己亲手画的地图，用“X”标出找到“森林老人”的地点。第二天，她给一位叫诺尔·摩尔的 6 岁小男孩写了一封信，讲述了一只小兔子九死一生的故事——淘气的彼得闯进了麦克格雷格先生的菜园子。麦克格雷格先生是一个白胡子、戴眼镜的老头，这正是以老麦克因托奇为原型的。

虽然是平常的两天，但事后探究起来，这两天对波特小姐的意义却非同一般。她未来人生的两种可能性都在这两天里埋下了伏笔。

那一年，波特小姐 27 岁，正与家人在苏格兰度假。从 5 岁起，她们一家人每年都会在佩斯郡的庄园里度假。这里激发了她对自然科学最初的兴趣——她画了很多关于化石、蝙蝠、蝴蝶和菌类的水彩画。她最早的一本素描本（编号 Dalguise[①] 1875）里画了十几种毛毛虫。每页分成两栏，一栏是物理描述，另一栏是对习性的观察。

维多利亚时代，上至贵族下到平民都对自然科学有一种狂热，女性尤其被各种昆虫、贝壳、蕨类植物、化石以及菌类的研究所吸引，

① Dalguise是波特小姐生活过的一个小村庄名字。——编者注

参与它们的命名、分类、搜集和绘画。波特小姐就是其中之一。她被真菌吸引，最初是因为它们童话般的神秘气质，然后是它们的形状与颜色之丰富，以及对于她的水彩画技巧的挑战。事实上，她的绘图如此精确，多年后，现代真菌学家仍然参考它们来识别真菌。

那年夏天，她画了60多种真菌。她对真菌的兴趣已经超出了单纯的审美，而是对它的繁殖机制发生了浓厚的兴趣。经过显微镜下长久的观察和描画，她意识到它们很可能是通过孢子繁殖的。

其实，除去天文学，波特小姐几乎对当时所有自然科学的科目都感兴趣，甚至包括在伦敦的史前洞穴里研究化石。在伦敦的家里，她和弟弟有一个专门的房间，收藏了各种植物和昆虫的标本，他们经常在显微镜下观察和描画这些标本。她晚年抱怨自己眼睛不好，是因为早年在显微镜下用眼过度。

但真菌学上的努力是她第一次拿自己的人生做一种很务实的尝试——她希望能做一件有意义的事情，并得到经济和情感上的独立。可惜她并没有走太远。

当然，插画家也是一个不错的职业选择。在英国，19世纪中期正是图画书开始流行的时代，很多流行的童话、童谣都由一流的艺术家来画插图，比如被后人誉为英国图画书“三剑客”的沃尔特·克雷恩、凯特·格林纳威、伦道夫·凯迪克。波特小姐小时候很为《爱丽丝漫游奇境》着迷，但她爱的并非路易斯·卡罗尔[①]的故事，而是当时以政治讽刺漫画著称的画家约翰·田尼尔的插画。

波特小姐从小有绘画天赋，还跟随家庭教师接受过专业的绘画

---

① 路易斯·卡罗尔是查尔斯·路德维希·道奇森（Charles Lutwidge Dodgson，1832—1898）在创作《爱丽丝漫游奇境》和《爱丽丝镜中奇缘》时所用的笔名。——编者注

训练。但她不喜欢被“教”，更愿意跟随自己的好奇心练笔，她的宠物们就是最理想的模特。八九岁的时候，她的素描本上就有她最心爱的宠物——兔子本杰明穿着夹克衫，戴着帽子和围巾在风中滑冰的样子。无论从角色、画面构成，还是运动感来说，笔法都已相当老练。1890 年，本杰明出现在伊尔德塞梅 & 福克纳（Hildesheimer & Faulkner）公司制作的圣诞贺卡和小册子上，为波特小姐赚到了生平第一笔稿费。

她对老鼠也有一种非同寻常的喜爱。她画过跳舞的老鼠、吃饭的老鼠、喝茶的老鼠、玩牌的老鼠、缝纫的老鼠，还有一只绅士派头十足的老鼠戴着眼镜读《每日邮报》，它坐着的那张粉红色圆凳子是她在外婆家最喜爱的一张凳子。最有趣的是，1899 年波特小姐为她姑父（曼彻斯特大学的化学教授）的一本化学教材所画的封面，题目是《烤乳酪之梦》——一群小老鼠在一个堆满了试管的实验室里辛勤忙碌，看似最渊博的老老鼠则坐在本森燃烧器上读一本新教科书，左下角写着一行小字：“NH_3（氨气），在试管里加热一点乳酪，就能闻到刺鼻的气味。”

英国著名的拉斐尔前派画家约翰 · 艾佛雷特 · 米雷是她父亲的朋友，经常给她一些绘画技巧上的指点。对波特小姐来说，这位画家对她最窝心的一次鼓励是，“很多人会画画，但你懂得如何观察”。

波特小姐对于周围的环境都有一种强烈的感知力和记忆力，尤其是那些容易被遗忘或忽略的细节。她住过的房子，哪怕最微小的细节，老家具的纹理、楼梯的形状、房间空间的布置，都会在她的头脑里留下强烈的印象，并通过不断的素描付诸纸面。

她尤其喜欢花园。在她的兔子穿衣说话之前，她就画了许多兔子在花园里的情景。1891 年，她画过一幅钢笔素描《兔子的园圃》，当时他们一家人正在湖区度假，本杰明正在一个陶罐里吃天竺葵，还有一堆园艺工具，耙子、锄头、扫帚、铲子、叉和一个巨大的喷壶。后来，这些都被搬到了麦克格雷格的菜园子——兔子们永恒的冒险天堂。

“我有一种疯狂的冲动，想要复制一切打动我的眼睛的美丽事物。为什么不能只是满足于看看就好呢？我不行，我必须画下来，无论结果有多糟糕。”

她的父亲纵容女儿在艺术上的兴趣，经常带她去参观英国皇家协会的各种艺术展览，尤其是伦道夫 · 凯迪克的画展。凯迪克是当时英国最著名的儿童插画家（如今国际上图画书的最高奖项“凯迪克奖”就是以他的名字命名），从梵高到莫里斯 · 桑达克无不为他倾倒。凯迪克去世时，波特小姐才 19 岁。她承认自己深受凯迪克的影响，曾试图“无望地拷贝凯迪克”，但与他相比，任何后来者都是“木讷而死气沉沉”的。

和凯迪克一样，她把自己的故事和画塞在信封里寄给小孩子。她的家庭教师安妮 · 摩尔家有 8 个孩子，尤其老大诺尔经常生病。

那一天，在苏格兰明媚的夏日阳光下，她想不出该写什么，于是决定跟他讲一个关于 4 只小兔子的故事。他们的名字分别是弗洛普茜、莫普茜、棉球尾，还有彼得……

扎根于事实中的幻想

波特小姐的秘密日记结束于 1897 年。那一年，她向伦敦林奈协会（当时英国生物分类学的最高研究机构）递交了一篇关于真菌繁殖的论文，却遭到粗暴的拒绝。科学院的绅士们很可能根本没读过她的论文就否决了她的理论。那个时代的女性在科学之路上经常会遇到这样的事情。多年后，波特小姐的理论才被证实是正确的。当青霉素的发现震惊世界时，人们才意识到当年她在这一领域的原创性。1997年，林奈协会正式发表声明，为当年在处理她的论文问题时的性别歧视道歉。

很快，她放弃了以科学为生的想法，决定为自己的才华找到另外的用武之地——从 1902 年（《兔子彼得的故事》）到 1913 年（《小猪布朗德》）是她的绘本创作最为活跃的时期，11 年内出版了 20 多本绘本。

对于绘本创作，波特小姐抱着一种很矛盾的心情。

“我画画只是为了取悦自己。”她经常说。她相信，创作的愉悦感来得越自然，最后的作品也越好。

另一方面，她对于如何开发绘本的商业价值有着精明的计划。第一版的《兔子彼得的故事》是她自己出钱印刷的，从颜色、字体、底封、字体、墨色都亲自把关。《兔子彼得的故事》出版的第二年，她亲自设计了彼得兔的玩偶模型。玩偶上市时，她做了一丝不苟的市场调查，还坚持玩偶只能在英国制造（尽管当时德国制造会更便宜），并且亲自在车间里监测原型的制造和颜色。在她的晚年，为了维持湖区的农场，她授权了几乎所有形式的衍生产品，从海报、玩偶、纸牌游戏、婴儿毛毯到瓷器茶壶。这种商业天分很可能继承自她的祖父埃蒙德·波特，曼彻斯特的商业巨子，他曾经拥有英国最大的印花工厂，还当过 12 年的国会议员。

与她同时代的儿童绘本作家，如肯尼斯·格雷厄姆（《柳林风声》的作者）和A. A.米尔恩（《小熊维尼》的作者）也喜欢在日常人类生活语境中的动物寓言。波特小姐的特别之处在于，由于之前作为自然学者的训练，她的幻想深深地扎根于事实——她以一种科学的精确度描绘故事里的动物、植物、花园和树林。

从童年时代开始，波特小姐就观察兔子怎么跑，怎么睡觉，怎么使用嘴巴和爪子，怎么清理自己。她分析过它们在攻击与退缩时的骨骼结构和肌肉运动。她还知道它们大胆而懦弱，好奇又容易受惊吓，走投无路时会往喷壶里钻。所以，当彼得兔跑到麦克格雷格先生的菜园子时，你知道他是一个小男孩，但自然界里必然也有那么一只兔子。

波特小姐喜欢给动物“穿”上有趣的衣服：给在田里干活的兔子穿上木底鞋，给洗衣妇刺猬戴上白帽子，穿上条纹衬裙和大围裙，给狡猾的狐狸穿上绿色的燕尾服。她迷恋于维多利亚与阿尔伯特博物馆里珍藏的18世纪的贵族服装，于是“搬到”《格鲁塞斯特的裁缝》，变成了市长的绣花缎背心，上面绣着罂粟花和矢车菊，华丽雅致到令人窒息。《格鲁塞斯特的裁缝》简直是波特小姐十八般武艺的秀场：建筑、老家具、瓷器、衣服。

有时候，她还会让她的动物们互通邮件，比如小松鼠纳普金给猫头鹰老布朗写信，希望赎回他的尾巴；牛顿爵士给托米勒乌龟写信，讨论可怜的费雪先生的婚姻前景；迪基·温克尔太太抱怨她有太多衣服要洗，因为小猫汤姆在煤窑里玩了一天；麦克格雷格夫人写信警告彼得兔，她买了一个新的馅饼盘子，非常大。

但是，她对动物的态度决不多愁善感。如果她的小宠物不幸死了，她不会哭哭啼啼地埋葬它，而是立刻拿来做实验。她是杰出的解剖者。她小时候保存的素描作品里有死掉的画眉鸟、蜘蛛的解剖图、昆虫的翅膀、甲虫的腿毛。她和弟弟曾经煮了一只死狐狸，为了得到它的骨骼。

她不能容忍多愁善感。私下里她鄙视肯尼斯·格雷厄姆让他的癞蛤蟆先生梳辫子。有一次，她给编辑寄了一张彼得兔用后腿跳舞的画，立刻就后悔了，事后称那是一只“愚蠢的、乱跳的兔子”。

她笔下的动物必须在每一个细节上都是真实而精确的——不仅在个性和行为上真实，连解剖学上的构造都是完全精确的。有一次，为了解决和她的编辑在费雪先生衣服颜色上的意见分歧，她带了一个罐子去找对方，里面放着一只活的青蛙。

在她的秘密日记里，她曾经这样写道：“我看不出有什么理由，常识不能比多愁善感更能激发对美的更健康的欣赏。”

爱情与死亡

1913 年，47 岁的波特小姐嫁给威廉·西里斯，一位乡村律师，终于得以彻底脱离父母。在此之前，尽管在经济上已经完全独立，但她所有绘本的出版都必须得到父母的许可。婚后，她再也没有出过任何新作。

在那个时代，波特小姐看上去是个古怪的女人。她出身富贵，却不热衷社交，不关心时尚，靠自己的工作置下丰厚的财富。她是作家、画家，又热心于成为一个农妇。她买下一个又一个农庄，不介意弄脏双手，亲自打理花园，照顾牧场里的动物，晚年还当上了赫维克养羊者协会的第一任女性主席。

波特小姐 31 岁第一次谈恋爱，并以悲剧收场——婚事遭到父母的反对，因为她的爱人诺曼·维恩是一个出版商人。她的父母自认为是贵族，不能与商人联姻。在他们订婚后一个月，诺曼因白血病去世。

波特小姐曾经在给友人的信中坦诚，当收到诺曼·维恩的求婚信时，她觉得自己就像《劝服》（简·奥斯汀作品）中的安妮·艾洛特，“因为耐心和等候，我的故事终于圆满”。

很多人都好奇，这段因死亡而终结的爱情，对波特小姐的创作产生了什么样的影响?

多年后，小说家格雷厄姆·格林在《伦敦水星报》写过一篇很有名的文章，特别提到《托德先生的故事》，猜测波特小姐当时很可能经历了一次情感上的波折，才改变了她的角色。但是，“如果去探究那段波折，就未免无礼了”。

《托德先生的故事》是波特小姐一生创作的最黑暗的一个故事——关于一只狐狸与一只獾之间的你死我活，还涉及一群被绑架了的小兔子。

不过，死亡一向是波特小姐看似温暖诗意的故事之下挥之不去的阴影。从她的第一本绘本开始就是如此——彼得兔的爸爸曾经遭遇一次意外，变成了麦克格雷格先生的馅饼。后来，淘气的彼得也跑到那个菜园子里，被麦克格雷格先生发现，差点儿送了命。她的第二个主人公松鼠纳特金也一样，他的无礼惹恼了一只猫头鹰，差点被剥了皮。可怜的费雪先生去钓鱼，却几乎被鱼吃掉。汤姆小猫差点被老鼠做成了布丁。小猪布朗德估计迟早得变成火腿。傻鸭子遇到邪恶的狐狸，还被撺掇着找做烤鸭的调味料，是相当骇人的残酷。

一直以来，她都认为自己的“小书”之所以成功，是因为绝对的“实事求是”。她从不回避自然的冷酷与暴力，因为这也是事实。

即使在最可怕的故事里，波特小姐也总是保持着一种冷静的讥诮。最好的英国作家身上似乎都有点这种气质，比如简·奥斯汀、格雷厄姆·格林、伊夫林·沃。简·奥斯汀是波特小姐的偶像，而格林和沃都曾声称在童年时代读过波特小姐的绘本，她的“温和的超脱”深刻地影响了他们日后的写作。

湖区：一个让时间慢下来的地方

16 岁那年，波特小姐第一次来到湖区。在那天的日记里，她这样写道：“这是一个能让时间慢下来的地方。”

诺曼死后，她用自己的版税买下了英国北部湖区的一个小农场（山顶农场），那里很可能是她和诺曼曾经讨论过以后要一起生活的地方。

她刚到的时候，山顶农场已经荒废良久。一年后，她重新翻修了整个农场，用漂亮的旧家具填满房间。在那里，她继续创作了 13 本绘本，其中包括她最好的作品。凡是去过那里的人，一眼就能认出松鼠纳特金丢失了尾巴的小岛，迪基 · 温克尔太太熨衣服的山洞，汤姆小猫被卷成布丁的厨房，还有帕德尔鸭的农场……

但渐渐地，她的重心越来越倾向于山顶农场，她给朋友的信件里充满了关于乡村生活的种种细节——去集市买猪、去采石场买石头修路、建造一个老式农场花园的计划；要在花坛外围一圈树篱，种上百叶蔷薇、三色紫罗兰、红醋栗、草莓和豆子；她抱怨说她的助手想建一个网球场，而她只想要一块种马铃薯的地方；一个采石工人送给她一株夹竹桃；她从一位老太太过分茂盛的花园里“偷走”一朵玫瑰。

当年坐在湖畔树下写童话、画小动物的女作家，如今每天的工作是种地养花，照顾猪羊鸡鸭，清理水沟、翻修房屋谷仓，记账……

几年后，她又买下了一个新的农场。她和西里斯婚后就住在那个农场里，守着一片美丽的湖水过了 30 年。

对那个时代的女人而言，波特小姐仍然是幸运的。她生命中的两个男人都是经过长久的相处与共事，才被彼此的才华与性情吸引。这种理解的深度对那时的男女来说极为罕见。

诺曼与西里斯有许多相似之处，同样高高瘦瘦，安静、内敛。就像她信任诺曼在出版业的专业知识一样，她在西里斯对湖区及其风俗的了解中得到满足感和安全感，信任西里斯在帮她购置农场方面的专业意见。她爱诺曼的想象力和幽默感，也倾心于西里斯对自然的爱，对乡村生活的热情：钓鱼、捕猎、高尔夫、保龄球和乡村舞蹈。

不过，她毕竟是人到中年才过上一种称心如意的生活，无论怎样快乐，多少也带了些悲凉。就像她用莎士比亚的《暴风雨》中的那句诗——“春天在最遥远的，收获季节的终点到来”来形容她的婚姻，她还一直戴着诺曼的订婚戒指，出门总是带着诺曼的那把大黑伞。

她的读者们也许会觉得，农场生活充其量是波特小姐人生的一个脚注，创作绘本的日子才是她的黄金年代。然而对波特小姐来说，恰恰相反，文学之外才是她的真实生活。她后半生几乎所有的精力和财力都花在了农场和保护湖区自然景观上。在她最新的一本传记《波特小姐：维多利亚天才的传奇一生》中，作者琳达·里尔这样写道：“终其一生，波特小姐对自然的迷恋，既不抽象，也不哲学，而是她成年生涯里极其具体而微的艰苦工作。”

农场生活繁忙，波特小姐只有在冬天才有空画一些东西，大都是湖区的雪景：雪落在一口古井坚硬的岩层边，或者慢慢地堆落在一棵大树下面。湖对岸是雾气朦胧的山脉，光线变幻莫测。

“你留意过，在茫茫一片白雾中，雪是一种多么奇异的蓝色吗？”她在信中问一个朋友。

1943 年 12 月 22 日，波特小姐去世，留下 15 个农场共计 4 000 多英亩（约 16 平方千米）的土地给英国国家信托组织。

花生屋：如何将一副人生烂牌打得风生水起？

舒尔茨曾经无数次画到同一片秋天的树叶以同样的姿势落到地上。露西见到了暴跳如雷，大骂："愚蠢的叶子！"莱纳斯看到了叹息："幸福总是在别处。"查理·布朗看到了说："我真希望你知道你在做什么。"史努比绕着落叶欢天喜地，看完了鞠躬道谢："谢谢你，多么美妙的一支舞！"

累不死的O先生

有一本古怪的漫画书叫《累不死的O啊》，矮矮胖胖的O先生一直梦想到深渊对面的世界看一看，于是使尽浑身解数：填石子、搭桥梁、做翅膀……然而，每一次他都是很悲惨地掉入深渊，挂掉，然后再试，再挂掉。这种西西弗斯①式的徒劳总是让我想起查理·布朗。

查理·布朗，一个365天都倒霉的家伙，没有人喜欢他，他的

---

① 西西弗斯：希腊神话中的人物，因触犯众神被惩罚将一块巨石推上山顶，由于巨石太重每到山顶就又滚下山去，前功尽弃。他不断重复、永无止境地做这件事——诸神认为再也没有比这种无效无望的劳动更为严厉的惩罚了。——编者注

邮箱永远是空的，他从来没有收到过情人节礼物。他永远是被同伴攻击和取乐的对象，女生们举办“NO CHARLIE BROWN”（不要查理 · 布朗）的主题派对，他暗恋的红头发女孩从来没有注意到他的存在。他从来没有成功放飞过一只风筝，他的棒球生涯一塌糊涂，作为投球手，他从来没有碰到过球，他带领的棒球队从来没有赢过比赛。他总是在等待惩罚，他每天都很焦虑，连他的焦虑也有焦虑症。

这是查尔斯 · 舒尔茨（Charles M. Schulz，1922—2000）画的第一则《花生》漫画。看看他是怎么出场的：查理 · 布朗远远地走过来，小男孩嘀咕道：“我恨他。”

一开始，露西是他最主要的克星。这个刁蛮任性的小姑娘从不放过任何一个损他的机会。

她在一块空地上写上：“查理 · 布朗是个大笨蛋。”查理 · 布朗问她为什么要这么做，她回答说：“我是真心实意这样相信的，我必须诚实。”

有时候，他在别人的战争中“躺枪”。露西抢了莱纳斯的毯子，莱纳斯问，你不想我快乐，不想我有安全感吗？我希望你最后沦落到像查理 · 布朗一样。

连他最忠诚的朋友施罗德也落井下石。

难怪美国漫画家阿尔·卡普（Al Capp）曾经吐槽《花生》就是“一群刻薄的小屁孩以彼此折磨为乐”。

戴维·麦克里斯在舒尔茨的传记《舒尔茨与花生》中将查理·布朗——与整个《花生》——的本质定格在1954年的一则四格漫画里。

在这一刻，查理·布朗定格成了一个符号——一个失败者，一个美国梦的反例。尽管他尝试了社会所能提供的各种成功法则：卡耐基式的，弗洛姆式的，林语堂式的，关于交友的艺术，关于生活的艺术，关于幸福的哲学；尽管他在生活的每一个层面寻求安慰：在棒球里，在风筝里，在与小狗的友谊里……但无一例外都是以失败告终。

舒尔茨这样解释为什么50年来他都不曾让查理·布朗碰到他的棒球一次：“因为查理·布朗必须是一个失败者。因为他是普通人的讽刺画像。我们大部分都谙熟失败，而非成功。”

我们都以各自的方式坠入人生的深渊

在《花生》漫画中，查理 · 布朗并不是唯一一个失败者。他的朋友们也以各自的方式度过或坠入人生的深渊。

莱纳斯有他的毯子。只要抱着毯子，他就是哲学王，可以与查理 · 布朗侃侃而谈。但一旦没有了毯子护身，他立刻被打回原形：一个极度缺乏安全感的婴儿。

1959 年，查理 · 布朗第一次拜访露西的心理咨询诊所：“我觉得很抑郁……我该怎么办？”露西说：“别抑郁了，5 美分，谢谢。”基本上，这就是露西应付世界的方式：以简单，以粗暴，以抱怨。

有人说，露西就是社会本身，或者至少是舒尔茨眼中的世界。她的坏脾气和盛气凌人让她周围的每个人失去平衡。但是，随身带了一个“正确”的世界的她，同样一次次被现实打败，所以她说：“抱怨是我唯一擅长的事情。”[根据米歇利斯（David Michaelis）的传记，露西如此爱尖叫，舒尔茨一般用5B铅笔为她“配音”，线条浓重、粗糙，到最高尖叫时则用3B铅笔。]

施罗德与他的钢琴代表了一种逃避主义：从现实世界撤退（包括露西的单相思），退避到艺术里寻求宁静。

薄荷帕蒂应对人生的办法就是趴在书桌上昏睡过去。

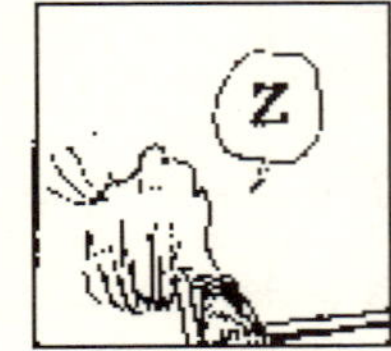

幻想是史努比应付人生的唯一武器。它以一次次的幻想——老虎、老鹰、山狮、鲨鱼、海怪、大蟒蛇、食人鱼、企鹅、吸血蝙蝠、王牌飞行员、著名外科医生——将一副人生烂牌（生而为狗）打得风生水起。

有人认为，是史努比毁了《花生》漫画内在的黑暗、忧伤和知识分子气质。因为它太过可爱，太过欢乐，连舒尔茨都借露西的嘴说：“你没有权利这么幸福！”

但幻想能给予史努比的只能是暂时的抚慰，而不是永恒的幸福。当它累了、冷了、寂寞了、晚餐时间到了或者幽闭恐惧症袭来（在爬过大片草坪时），它立刻向现实低头，回到自己的狗屋，继续为嗟来之食而烦恼。

荒诞人生的变奏曲

从 1950 年到 2000 年，在这 50 年的时间里，舒尔茨一共画了 17 897 幅漫画，未曾借助任何助手的协助。流行文化学者罗伯特 · 托普森（Robert Thompson）将此称为“人类历史上一个作家所创作的最长故事”。

50年来，似乎并没有什么了不得的故事发生，不过是查理·布朗与风筝之间的一次次纠缠、莱纳斯与史努比之间的一次次毯子争夺战、史努比在臆想中与红色男爵的一次次战争、查理·布朗一次次到露西的心理咨询诊所倾诉焦虑、露西倚在施罗德的钢琴上一次次求爱、施罗德对露西一次次拒绝、莱纳斯一次次在南瓜地里徒劳地等待南瓜大仙的到来、查理·布朗一次次坐在凳子上一边吃着花生酱三明治一边遥想红头发的女孩……

每个人都谈论查理·布朗对红头发女孩的痴迷，我倒觉得《花生》里最令人心酸的单恋是薄荷帕蒂对查理·布朗的单相思。强硬、有趣、忠诚得像狗一样的薄荷帕蒂，可能也是唯一一个在查理·布朗身上看到优点的姑娘——但查理·布朗从不当真，也从未关心过。

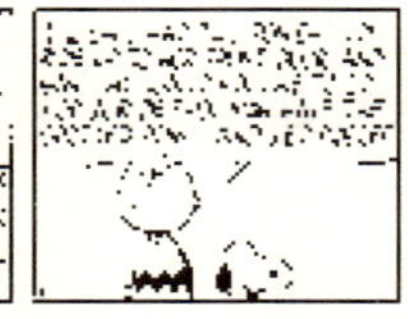
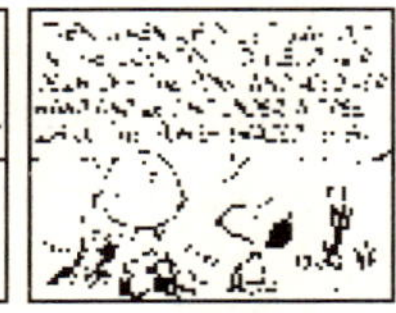

在这些一而再，再而三地不断重复的情境中，舒尔茨不断穷尽变化的可能性，就像西西弗斯推石上山的上千条路径，就像O先生掉落深渊的数万种方法。正是在同一情境无休止的重复与变化之中，这部漫画呈现出无比荒凉的基调与主题——人生的悲哀与徒劳，一个人永远得不到他真正想要的东西，每一个人都是人生的失败者，他们都被自己的性格或者某种奇怪的幻觉、某种宇宙的阴谋打败。

是的，世间一切无法实现的梦想，查理·布朗的、莱纳斯的、露西的，还有史努比的——在早期的《花生》中，史努比只是一只普通的小狗，玩着大部分小狗都会玩的把戏。但几年后，作者赋予了它存在主义式的身份危机，把它变成了一只不想做狗的狗，于是它的倒霉与悲哀甚至超过了查理·布朗——它向往一种不一样的生活，却又意识到自己是如何的深陷其中，不可自拔。

但也正是在这样不断地重复和变化中，我们才能真正把握《花生》漫画中潜藏的诗意、温柔和幽默。舒尔茨曾经无数次画到同一片秋天的树叶以同样的姿势落到地上。露西见到了暴跳如雷，大骂：“愚蠢的叶子！”莱纳斯看到了叹息：“幸福总是在别处。”查理·布朗看到了说：“我真希望你知道你在做什么。”史努比绕着落叶欢天喜地，看完了鞠躬道谢：“谢谢你，多么美妙的一支舞！”

《花生》之所以是《花生》，并不是因为什么甜美温馨的友谊，而是因为作者舒尔茨真实展示了日常生活简单平静的表面之下残酷与痛苦的暗流错杂。但他展现得如此轻描淡写，那样幽默的线条和诗意的文字使痛苦变得可以忍受，让你觉得怒气是好玩的，没安全感很可爱，而悲伤也可以是温暖的。就像史努比说的："将一副人生烂牌打得风生水起、妙趣横生，别管它到底是什么意思。"

有人说，《花生》荒凉的基调与它诞生的年代和地点有很大的关系。它诞生于一个人类有足够的能力和愚蠢自我毁灭的时代，但人们对此除了讲讲笑话别无他法。这是作家的家乡（美国中西部）的典型表情：恐怖，但以微笑的形式奉上。

忧伤和黑暗，傻气与滑稽，在早期的《花生》漫画系列（20世纪50年代至70年代）中曾经达到非常美妙的平衡。那时舒尔茨刚刚从军队退伍，回到家乡与父亲生活在一起，他描述自己当时的状态"抑郁、孤僻、悲伤"。总体而言，军队的经验对他来说是好的，他从一个内向自卑、一无所有的青年变成一名主管机枪中队的军士。"如果这不算男人，还什么算是男人呢？"他这样想着。但这种良好的自我感觉只持续了8分钟，他又被打回原形。"我在军队度过的3年时间教会了我关于孤独的一切，我们大家都经历过孤独，我把由此产生的同情心都放在了可怜的查理·布朗身上。"

曾经有人问舒尔茨，你是不是查理·布朗？但舒尔茨说，他是《花生》中所有的角色，查理·布朗、露西、莱纳斯、施罗德、乒乓、富兰克林、玛希甚至史努比。每一个角色都代表了他灵魂中的不同层面。从这个角度来说，《花生》可能是有史以来最丰富的一部自传。

查尔斯·舒尔茨1922年出生于明尼苏达州，父亲是德国人，母亲是挪威人。他是家中独子，小名叫"史帕基"（Sparky），是当时一部流行漫画里的主人公的名字。那个主人公是一匹马，后来舒尔茨把这个名字给了史努比的哥哥。

史努比的原型是舒尔茨13岁时别人送给他的一只黑白花的小

狗，但名字却是他的母亲起的。母亲去世前曾对舒尔茨说，如果我们再养一只小狗，就叫它“史努比”，在挪威语中是“可爱”的意思。

《花生》是一个没有母亲的地方。在舒尔茨参军期间，他的母亲因癌症去世。当时她只有48岁，而且受了很多折磨，对舒尔茨来说，这成了他终身无法康复的情感创伤。他几乎一生没画过大人，甚至避开一切成年人的活动，不抽烟、不喝酒、不说脏话。他花越来越多的时间在想象中的童年的院子和沙池里。在一天的挫折与失败之后，史努比也许会来抚慰他，但从来没有母亲。

舒尔茨读小学时跳了一级，是班里最小的孩子。他所有查理·布朗式的创伤似乎都与那段早年的记忆有关：瘦弱，青春痘，不受女孩欢迎，在男生中也是格格不入，画作被学校年鉴拒绝。“做小孩并不容易……外面的世界如此可怕，上学也很惨，不是老师找你麻烦，就是被大的同学欺负。如果长大以后都将这些苦恼忘记，那么成年人就会对儿童的问题视而不见。其实，小孩和我们一样，在现实生活中挣扎求存。”

但《花生》中荒凉的基调显然不只指向童年，而是指向成年人。《花生》世界里没有成年人，只有孩子。但在这些孩子身上，我们能找到成年人世界里的一切苦恼和病症：大众文化、消费文化、弗洛伊德、成功学、抑郁症、自恋症、恋物癖……

你应该听听查理·布朗在1965年圣诞节的独白：“我很郁闷，我不知道为什么，现在是圣诞节，我应该自我感觉好一点儿，但我就是觉得不对劲……”觉不觉得这像是20世纪90年代的伍迪·艾伦在心理医生面前的独白？

但是，正如意大利学者安伯托·艾柯所说：“《花生》中成人式的生存困境并非纯粹成人式的，而是由孩子的天真过滤过的……这些怪物孩子突如其来的天真与诚意会将一切置于怀疑，滤出成人世界的碎屑，还我们一个宁静、甜美、柔软的世界，带着奶香和干净的味道。因此，在一个故事或者两个故事之内，我们在这两个世界之间摇摆，不知道应该绝望，还是一声乐观的叹息。”

在某个周日午后拜访一座童话博物馆
——莉丝白·茨威格的童话绘本

读莉丝白·茨威格的童话绘本，就像在某个周日午后拜访一座童话博物馆，楼梯由层层灰色、灰蓝、靛蓝建造，一个个白色的房间，挂满了彼得·勃鲁盖尔的画，画中的人物在旋转，在跳舞，红裙子、黑帽子纷纷都来争夺你的目光。或者，你那想象力丰富的老祖母让你坐在舒适的老沙发里，一边讲故事，一边喂你吃蛋糕，直到街灯亮起，在鹅卵石街道上投下浓浓的阴影……

《睡美人》封面插图

莉丝白·茨威格（Lizbeth Zwerger，1954年生），奥地利绘本画家，现居维也纳。1977年因《怪孩子》一作初露头角，36岁就获得国际安徒生插画家大奖首奖，是获得此奖的最年轻的插画家。绘有《汉赛尔与格莱特》《圣诞节颂歌》《天鹅湖》等作品。

不久前，我采访一个研究欧洲中世纪史的美国历史学家，谈到为什么历史会一再被重写，他说是因为每一代人所要了解的过去的事和看待这些事的视角都各有不同。因为我们都是凡胎肉身，只能处于当时当日，尝试用现世的目光去理解过去。

这让我想到了经典童话。200多年来，通过佩罗、安徒生、格林兄弟想象的世界，一代又一代的孩子对他们那个真实的、不完美的世界有了最初的理解。但是，在作家最初的文字之外，一代又一代的插画家对这些故事进行了无数版本的“重写”，或者说“重新阐释”。

同一个故事，在不同的画家笔下呈现出完全不同的气质，如亚瑟·拉克姆的典雅，桑达克的狂野，大卫·霍克尼的冷峻尖锐，安东尼·布朗的玄机重重，托尼·罗斯的诙谐古怪。

在众多经典童话插画家中，我最倾心的是莉丝白·茨威格。她的画里有一种梦的特质，很魔幻，但又很含蓄、很优雅。

有人说，读她的童话绘本，就像在某个周日午后拜访一座童话博物馆，楼梯由层层灰色、灰蓝、靛蓝建造，一个个白色的房间，挂满了彼得·勃鲁盖尔的画，画中的人物在旋转，在跳舞，红裙子、黑帽子纷纷都来争夺你的目光。或者，你那想象力丰富的老祖母让你坐在舒适的老沙发里，一边讲故事，一边喂你吃蛋糕，直到街灯亮起，在鹅卵石街道上投下浓浓的阴影……

如果说绘本是儿童在视觉艺术上最初的启蒙，我想不出比读茨威格更好的启蒙了。

《玫瑰兵团》

莉丝白 · 茨威格 1954 年出生在维也纳一个充满艺术氛围的家庭，父亲是图像设计师和版画家，母亲为玩偶设计漂亮的衣服。

茨威格自小喜爱绘画，这是她 5 岁时画的一幅涂鸦——“巫婆把孩子变成了一个苹果”，她对童话与魔法的迷恋从这里就开始了。

成年以后，她的插画也几乎毫无例外是为经典童话创作的，安徒生、格林兄弟、伊索寓言、王尔德、路易斯 · 卡罗尔……

她说自己喜欢传统童话里那种充满原始能量的幻想与想象，尤其是对荒诞的理所当然的接纳。比如安徒生的一篇《睡魔》，睡魔在七天时间里给一个小男孩讲了七个睡前故事，涵盖了后世无数故事的原型，包括《哈利波特》《玩具总动员》，但几百年后仍然无人能够超越他最初的故事。

茨威格为这个故事画的插画，以橄榄绿、泥土黄和蜜枣红为主色调，温柔中带着淡淡的忧伤，既有一种孩子气的简单，又深得其中复杂的况味。

“世界上没有人像睡魔知道这么多的故事。夜晚时分，他会偷偷溜进小孩子的房间，将带有魔法的沙子撒进他们的眼睛，让他们睡眼惺忪。然后，他就开始讲故事了。”

与比她早150多年的波特小姐一样，茨威格的幻想也深深地扎根于事实——她以一种科学的精确度描绘故事里的动物、植物、花园和森林，但是，在她独特的空间剪裁与构图方式之下，这些动物、植物、花园和森林又呈现出充满想象力的变形和扭曲，有时候有一种近乎邪恶的幽默感。

《爱丽丝漫游奇境》

其实，茨威格早期的画风深受英国爱德华时期插画大师亚瑟·拉克姆的影响，色调暗黑，气氛忧郁，如格林兄弟的《韩塞尔与格雷特》和《七只乌鸦》。

《韩塞尔与格雷特》封面

《七只乌鸦》

但30多年来，随着她的色彩变得越来越明亮，画面也变得越来越轻灵、有趣，充满复杂的视觉构图与心理暗示。

比如在《青蛙王子》中，公主急切地在树篱下走，想要躲开多情青蛙的追逐。那片树篱看起来就像一片显微镜下的叶子，美得又邪气又迷人，像公主又嫌恶又害怕的心。

《青蛙王子》

《刺猬汉斯》是一个更加诡异的故事。

膝下无子的夫妇祈求上天给他们一个男孩，“哪怕是一个刺猬”。于是，他们真的生下了一个半身刺猬半身人的男孩。在第一幅画里，妻子刚刚生下男婴，帘外丈夫满心喜悦，帘内妻子面带惊骇，小小的刺猬男孩躺在大大的白色床单上，小屁股露在外面，画面透露着一种无比诡异的脆弱无助。而那道帘子，则像是彩虹糖融化以后扯出来的痕迹。

《刺猬汉斯》

《不莱梅的音乐家》是她的《格林童话》集子里我最喜爱的一个故事，一个笑中带泪的荒唐故事——一头老驴子为了躲避被主人杀掉的命运，决定逃到不莱梅镇，在那里做个音乐家谋生。在途中，它遇到几个同病相怜的老年动物，于是结伴同行，经过森林时，它们靠着

《不莱梅的音乐家》

鸡鸣狗叫吓跑了一群强盗，占了他们的大房子，从此过上了幸福安逸的晚年生活。

都说《格林童话》里潜藏着人类最深的焦虑和恐惧，翻腾着暴力、死亡、虐待、乱伦、复仇和可怕的惩罚。今天我们也大都同意，孩子需要面对一些黑暗，以获得对抗黑暗的力量和勇气，关键在于如何呈现这种黑暗。而茨威格的插画最迷人之处恰恰在于，即使再黑暗、再狂野、再荒诞的幻想，她的笔调都一如既往的轻灵、淡雅、处变不惊，带着一种女性特有的温柔的机锋，与格林兄弟残酷暴戾的世界形成了一种有趣的对比与冲撞。

茨威格曾经说过，自己给童话的插画是“阐释”，而非“解释”。“阐释”不是智力上的、科学上的解读，而是一种内部风景与情感的换位。

对于这句话，我的理解就是，一种向内凝视的目光。她的画笔勾勒出来的，是文本背后的故事中最神秘、最不可言传的一面，而她如此善于留白，她的画经常在无言处最有力量，比如《爱丽丝漫游奇境》中爱丽丝掉入兔子洞时的场景。

一个不明动物的头骨、一只蟑螂、一个怪异的瓶盖和一只老鼠的半边身体……茨威格用了四个超现实的意象完美地传达了爱丽丝在“坠落”的过程中被压抑的恶心和恐惧感。

这种恐惧感在卡罗尔的小说里是未曾被言明的，也许连他本人都未曾意识到——在他的笔下，爱丽丝一边下坠，一边神经质一般地担心着一些无关紧要的事情，比如把橘子酱罐头弄翻，怕砸到下面的什么人，或者从另一头出来时出丑，所以她开始计算经度、纬度、离地心的距离有多远……

但作为一名女性，茨威格似乎对这种神经质背后的焦虑感同身受——说到底，爱丽丝在兔子洞的这场冒险其实是一种身份的追寻，找出自己是谁，在哪里，以及如何融入一个诡异的世界。

尝遍了世间所有糖果的滋味
——罗尔德·达尔的童话世界

一个孩子说，读他的书，就像“尝遍了世间所有糖果的滋味”。

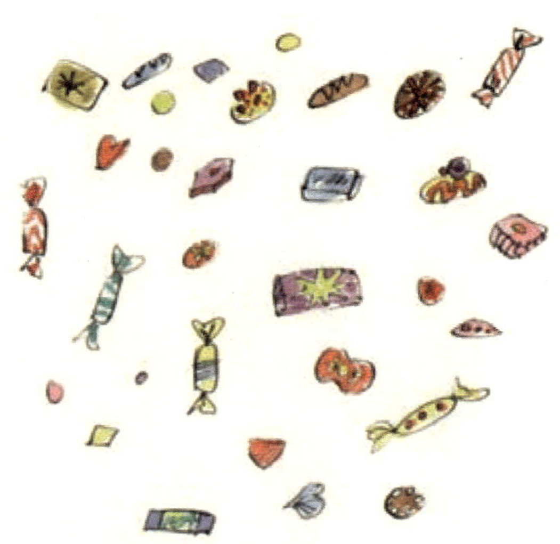

罗尔德·达尔，（Roald Dahlz，1916—1990）英国杰出儿童文学作家、剧作家和短篇小说作家，出生于英国威尔士的卡迪夫市，父母为挪威人。他的一生非常精彩，做过飞行员、间谍、慈善家，还被认为是“世界上最会讲故事的人”。

乔治·奥威尔曾说：“在孩子眼中，大人之所以显得丑陋，是因为他们总是得往上看，而没有几张脸经得起这种视角的检验。”

罗尔德·达尔一向不惜以最可怕的文字来描述大人外表的丑陋——在《世界冠军丹尼》中，他写恶林场主海泽尔先生“巨大的，闪光的啤酒脸……粉得像火腿一样”。

《詹姆斯与大仙桃》中，可恶的海绵球姨妈像“一颗巨大的煮过头的卷心菜”，大头钉姨妈则长得又细又长，皮包着骨头…… “每逢生气或者激动的时候，一开口唾沫星子就会从嘴里喷射出来”。

《小乔治的神奇魔药》中那位坏脾气的姥姥“牙齿发黄，小嘴缩起来像个狗屁股……笑起来就像一条蛇正准备咬你一口”。

再看《蠢特夫妇》里那位恶心的蠢特先生——“一个脸上长了许多毛的人”。他的整个脸上，除了前额、眼睛和鼻子之外，全都被浓密的毛覆盖着。他的鼻孔里和耳朵眼儿里甚至都冒出了一撮一撮的毛。

在罗尔德·达尔的价值观中，外表的丑陋常常是与心灵的丑陋相关联的。他在《讨厌鬼》中说：“如果一个人有丑恶的念头，便会显露在脸上，当一个人每年、每月、每日都心生恶念，他的脸便会越来越丑，直至丑到你不敢看它。一个有善意的人是不会丑陋的。”

所以，他笔下的大人，尤其是那些有地位有权势的大人，常常是愚蠢粗鲁的俗物，或者邪恶残酷的恶棍，不吝于对无辜的孩子施以最严厉的处罚和折磨。即使那些“好的”大人，道德上也常常是可疑的，比如了不起的狐狸爸爸是一个偷鸡贼，丹尼的好爸爸是一个偷猎人……

巧克力工厂的主人威利 · 旺卡则是达尔小说中最诡异的一个成年人形象，看似无害，甚至可能被当成一个英雄的角色——他不但供应孩子们各种好吃的巧克力，还把工厂传给一个最值得继承他事业的孩子。但细思之下却极为恐怖，他几乎集中了所有传统恶人的特征于一身——有钱、孤僻、喜怒无常，以及各种独断专行。他从非洲丛林里找来的奥柏–伦柏人（Oompa-Loompas）很容易让人想到 19 世纪贩运黑奴的历史，而他处置那些不讨人喜欢的孩子的手段——一个掉到巧克力河，被吸入一个巨大的玻璃管；一个被吹成一个巨大的蓝莓；一个被一群松鼠架走，掉进肮脏的垃圾槽（甚至可能掉入焚化炉）；一个被电视传缩到一英寸都不到——他站在一边冷眼旁观，即使不是虐待狂式的，也是幸灾乐祸的。

罗尔德 · 达尔喜欢将大人与孩子之间的关系视为一场战争，而且是一场你死我活的战争。他曾经说，大人如果真想了解孩子，最好的办法是跪着生活一个星期，他就会知道小小的孩子生活在人高马大、高高在上的大人的地盘上是一种什么感觉。

他可能是第一个现代儿童作家，将成人和孩子之间的冲突与对立置于如此决绝、黑白分明的状态——孩子是智慧与勇气的化身，而大人则代表某种邪恶、冷漠、残酷的力量。而且，很多时候他将矛头直接指向孩子最亲密的照顾者，包括父母在内。比如《玛蒂尔达》讲一个天才的小姑娘如何对抗自己愚蠢恶俗的父母，而《小乔治的神奇魔药》基本上就是一个小男孩试图毒死自己祖母的故事，当然，那是个很恶毒的祖母。

在 1988 年，英国广播公司（BBC）对罗尔德·达尔进行了一次采访，他说："一个孩子要如何努力才能活到，比如说 12 岁？我对于其中的艰难有强烈而深刻的理解。你刚生下来，或者才一两岁的时候，只是一个未开化的小动物，从那时起到 12 岁、15 岁，你得不断地接受各种教化，不许吃手指，不许在地上吐痰，不许这个不许那个。教训你的是谁呢？两个人，你的爸爸和妈妈。孩子总是爱自己的父母，但潜意识里他们是他的敌人。在深刻的爱与恨之间，有一条很微妙的界限。"

在传统童话里，血缘至亲之间的爱恨交织是一个平常的主题。多少童话故事是从被父母抛弃的孤儿开始的？韩塞尔和葛雷特是被亲生父母赶进森林活活饿死的；在一些早期版本的童话里，灰姑娘是被自己的父亲逼婚而被迫出逃的，而嫉妒白雪公主美貌的皇后却是白雪公主的亲生母亲，她命令猎人杀了她，还要带回她的心、肝脏和肺做晚餐。

但在现代社会，这是我们的文明所剩无几的最后一点禁忌了。我们为人父母，通情达理，愿意付出一切保证孩子的幸福成长，怎么可能在潜意识里暗自怀着对自己孩子哪怕一点点的恨意呢？至于孩子在潜意识里把我们当成敌人？别开玩笑了！罗尔德·达尔不仅触及这种禁忌，还敢拿来开玩笑，过去半个世纪里围绕他与他的作品的种种争议也就不难理解了。

就阅读体验而言，从来没有一个儿童作家，像他这样在成人与孩子之间引起这么大的分歧。成人指责他的作品中具有各种暧昧的道德问题，暴力、残酷、恶作剧，以及各种政治不正确（种族歧视、性别歧视等），而这些似乎恰恰是孩子们热爱他的理由。比如他在书中热衷于描绘种种暴力和残酷细节，大人觉得血腥恐怖、骇人听闻，但在小孩子的眼中却只是夸张有趣、惹人发笑而已。

看看《好心眼的巨人》里那几个坏巨人都起的什么名字："吃人肉块巨人""喝血巨人""抱汉包巨人""嘎吱嘎吱嚼骨头巨人""肉油滴滴答巨人""大吃特吃内脏巨人""啃姑娘巨人""啃孩子巨人"……

达尔年轻时做过飞行员，"二战"时曾效力于英国空军，但第一次执行起飞任务就在利比亚沙漠坠机，他躺在沙漠里，颅骨破裂，脊柱错位，差点死掉。他认为这次坠机事件可能改变了他的大脑结构，让他突然变成了一名天才作家。不知道这是否能解释他的想象力和幽默感中为什么总带着一股子邪气。在《肮脏的野兽》中，一只饱读诗书的聪明猪悟出生命的意义竟是肉店割肉的刀时，先发制人把屠夫吃进了肚子。《反叛的诗歌》是一部诗歌集，达尔对几个经典童话进行了匪夷所思地改写：灰姑娘是个放荡的女孩，王子是个爱砍头的疯子；白雪公主和七个小矮人偷了魔镜来赌马；小红帽不披红色斗篷，改穿皮草——狼皮！

仅仅是判断标准的差异吗？或者成年人缺乏孩子的幽默感？达尔说："我只是写我觉得好玩的东西。"就像他写过一个很有名的推理小说《羊腿谋杀案》，妻子用冻羊腿谋杀了自己的丈夫，然后把羊腿给红烧了，端给前来调查的警察。于是警察们一边讨论着凶器，一边把凶器给吃掉了。这是残酷，还是滑稽？

或者，孩子们对达尔的热爱，还有着更深刻的理由？他们虽不是孤儿，但何曾没有过不被理解、近似孤儿的体验？他们也许不曾受过身体的虐待，但从故事里小主人公挨饿、被鞭打和羞辱的体验中，他们能迅速理解其中身为一个孩子的无力感？几十年，几百年过去，身为孩子最基本的体验并没有改变：做孩子是困难的，恐怖的，也是令人兴奋的。

达尔本人从未遭到过来自父母的粗暴对待。事实上，他的父母都是温柔可亲的人。3 岁以前，他的人生很完美，家境富裕，父母健全，一家人住在海边漂亮的大房子里，但他 3 岁那年，7 岁的姐姐死于盲肠炎，两个月之后，伤心欲绝的父亲也死于肺炎。他的母亲苏菲决定留在英国，让她的孩子们接受最好的教育。每年夏天她都会带他们去挪威的小岛度假，在那里，他们听女巫和山精的故事，在冰蓝的海水里游泳，吃"混合了一千种太妃奶糖碎片的冰激淋"。9 岁那年，达尔被送去寄宿学校，并在那里遇到一个冷酷的女校长，她喜欢用拐杖体罚学生，在达尔文看来“那不仅仅是打人的工具，还是伤人的武器”。

“你们一定好奇我为什么要写那么多学校里各种打骂体罚的事情？答案是我忍不住不写。因为我读书的时候，老师和高年级学生故意伤害比他们小的男孩，甚至严重伤害他们，这是司空见惯的事实。我没法释怀，也从来没能释怀过。”他在自传《男孩：我的童年往事》中这样写道。

这是否意味着，他对于暴力和残酷细节的热衷，在某种程度上是对自己童年时代“无法释怀”的情结的释放呢？还是，他作为一个父亲，本能地理解心理学家布鲁诺·贝特尔海姆的论断——“孩子需要童话的黑色素材，从而以一种象征的，替代式的方式来理解和处理自己的愤怒、憎恶和无力感。孩子从童话的暴力和粗野中受益，因为它抵制成人世界中一种普遍的倾向，即拒绝让孩子认识下面这一点：我

们人生的各种问题都来源于自己的本性——人类好斗、自私的本性。”（《童话的魅力》，1976 年）

达尔的很多作品是从口述开始的。1953 年，他娶了好莱坞女明星派翠西亚 · 尼尔（Patricia Neal），两人的婚姻维持了 30 年，育有 5 个孩子：奥莉维亚、泰莎、西奥、欧菲莉亚和露西。但这个家庭悲剧不断，他的儿子西奥还在襁褓之中就遭遇车祸，脑部遭受重创，眼睛也几乎失明。长女奥莉维亚 7 岁就因麻疹性脑炎离开了人世，妻子派翠西亚在怀着第五个孩子露西时三度中风。但也是在这些日子里，达尔开始给他的孩子们讲故事，《查理与巧克力工厂》《詹姆斯与大仙桃》都是这时写出来的。

抛开他所有性格与道德上的瑕疵，达尔的确赋予他的小主人公真正的智慧和勇气。从某种角度来说，这些故事都是关于“愿望实现”的复杂叙事。他通过这些故事告诉他的小小读者，困境中的挣扎是不可避免的，是人类生存的一部分——但如果一个人不逃避，而勇敢直面这些难以预料、经常是不公平的困境，他最终能克服所有的障碍获得胜利，或者说幸福。

达尔最好的作品，包括《好心眼的巨人》《女巫》《玛蒂尔达》，都是他晚年所写。此时他天性中刻薄的一面已经大为收敛，而变得更加温情和甜蜜。这三本书都是关于一个大人与一个孩子之间完美的理解与相伴。

就像在《女巫》的结尾，被女巫变成老鼠的小男孩与姥姥之间有一段对话：

> "姥姥，你多大岁数了？"
>
> "86岁。"
>
> "你会再活八九年吗？"
>
> "会的。只要运气好。"
>
> "你得活着，因为到那时我将是一只很老的老鼠，你是一位很老的姥姥，再过不久，我们就一起死掉。"

别逗我了，我满眼都是泪水！
——桑贝眼中的人生与世界

在桑贝的笔下，这些小小的人，天真、平庸、有趣，迷失在一个对他们来说太大的世界里。他们被生活抬举，也被生活羞辱，然后，全世界的布尔乔亚[①]都从中认出自己的悲欢和哀乐——男人与女人之间的权利斗争，装点门面的需求，日常生活中小规模的胜利与中等规模的挫折之间的无尽循环。

我对让–雅克·桑贝（Jean-Jacque Sempe）的热爱是从一只猫的背影开始的。一只黑猫，从图书馆高高的窗口往外看，好奇的，审慎的，优雅的；而窗外是桑贝式的人间风景，蜘蛛腿一样的线条乱成一团，勾勒出小小的男男女女，为他们人生中小小的悲剧或胜利而挣扎……

桑贝，既是那只黑猫，也是窗外的人类。

① 布尔乔亚：指资产阶级，是根据一些经济学思想学派，尤其是马克思主义，为社会所做的阶级划分中的富有阶级之一，英文作“bourgeoise”。——编者注

让–雅克·桑贝，1932 年出生在法国的波尔多，一生大部分时间在巴黎的圣日耳曼德佩区度过。据说从他的公寓窗口望出去就是巴黎市中心美得令人窒息的城市街景，从圣叙尔皮斯教堂到圣母北蒙马特山丘，尽收眼底。

这或许可以在一定程度上解释他的漫画中那种独特的广角视角，总是从高处或者远处，呈现绵延壮阔的风景。在摩天大楼的映衬之下，人显得很小很小，小到让你觉得世界对他们来说未免太大了。

有时候你会担心他的幽默会被淹没在这样巨大而混乱的背景里，但这似乎就是桑贝的本意，他喜欢将笑点藏在庞杂的细节里。密密麻麻画了一大群人，只是为了一个很小的笑话，比如一场愤怒的游行，浩浩荡荡、正义凛然的标语（支持共和国联盟！自由第一！打倒×××！）中夹杂着一幅租房广告——“公寓出租，两卧一厨一卫”。

有时候，他以航拍的笔法勾勒出一个极为宏大的场景，比如一场环法自行车赛，一幢幢高耸入云的摩天大楼，层层叠叠的远山和露台，人流和车流像一条条黑线蜿蜒在城市的街道上。没什么笑点，也没什么道理，仿佛纯粹是为了在大场面的宏伟与小人物的平庸之间形成某种对照，或者作为对于人的存在本质的一种隐喻。

法国有很多才华横溢的漫画家，而桑贝是其中最“法国”的一个。他的漫画中弥漫着一种可以媲美碧姬·芭铎和查尔斯·阿森纳沃尔的那种法国味。他笔下的巴黎是巴黎人梦想中的巴黎，斜坡式屋顶、高高的窗台、漂亮的铁艺阳台、优雅的灯柱，所有的车看起来都像是20世纪50年代的雪铁龙。

他的漫画集《一点巴黎》就是一本巴黎街头的素描集，你能想象桑贝在街头漫步，饶有兴致地观察路上行人的一举一动。他曾经说过：“人生再没有什么比街头漫步更有趣的事情了。”

他笔下的男男女女也是典型的法国式的小人物，挤公车的上班族、爱抱怨的家庭主妇、狡黠的心理医生、做作的知识分子、在饮水机边上谈论哲学的商人、在去月球的路上谈论婚外情的宇航员……

男人总是发了福，秃了顶，大鼻子，小胡子剪得整整齐齐；他们的太太顶着双下巴，发式摩登，穿着圆点花纹连衣裙。他们以法国人的特有的方式被生活抬举，也被生活羞辱，然后，全世界的布尔乔亚都从中认出自己的悲欢和哀乐——男人与女人之间的权利斗争，装点门面的日常需求，小规模的胜利与中等规模的挫折之间的无尽循环。

法国的《哲学》杂志有一期关于桑贝的专题，称他为“庸常人生的探索者”。现代人过着一种平庸的生活，充满了陈词滥调，但在桑贝的画笔下，平淡无味的日常生活呈现出深刻的矛盾、暧昧和复杂的意味。

在漫画集《不简单的生活》中有一组画面是这样的：院子里有一棵树，最后一片叶子从树上飘然落下，落到了隔壁的院子里，然后一只手伸出来，将那片叶子扔回了原来的院子里。

从桑贝的眼中望出去，一切简单事物，似乎都包含着不简单的因素。一片叶子的飘落，煮一个水煮蛋，或者开一瓶葡萄酒，再简单不过的一个动作，仔细揣摩，都隐隐有深意，或是自然的意念，或是命运的差错，又或是幽微的人心，是复杂的游戏。所以，有人说：“桑贝对世界最大的贡献，是提供了一双桑贝的眼睛。”

《不简单的生活》里还有这样一组漫画：一个人从自家陋室走出来，看到邻居从漂亮的别墅里骑着漂亮的自行车飘然而过；不知过了多久，他骑上了自行车，邻居则开上了漂亮的小轿车；又不知过了多久，邻居换了一辆又一辆高级的老爷车，他依然骑着那辆小小的自行车；最后一幅画面是他终于坐上了自己的小轿车，却被堵在了拥挤的马路上，看着有钱的邻居骑着自行车畅通无阻。

一开始没看懂，看懂了以后只觉得一阵心酸眼热，立刻意识到自己也是桑贝笔下的一员——桑贝式的人物没有大起大落、大喜大悲，所谓激情、崇高、永恒，这些都与他们无关，他们能向生活寻求的，只是维持、安全和不确定……

现代生活中，有什么比“爱情”更陈词滥调的呢？又有什么比“爱情”更复杂，更具有戏剧性呢？在《我的另一半》中，桑贝笔下的男男女女陷入爱情，又失去爱情，爱情的渴望、等待、算计、攻击、防御、失去等，每一个横切面都呈现出爱情荒谬而必然的本质。我们被画中人逗乐，又从中认出自己的伤口。桑贝的妙语如珠，既刺痛我们，又给我们抚慰。

“如果葛莱蒂肯接受我继续维持与苏珊娜之间的良好关系，那么我乐意为她付出 70% 的感情。”

“你是一只好狗，天知道，我是喜欢狗的，但有的时候，我更希望你是一只猫。”

“命定”使我明白了两件事情：

（1）我恰好只有足够的时间赶赴一个决定我事业生涯的约会。

（2）对我而言，她实在太美丽、太高贵、太聪明了。

他的漫画集《复杂的意味》，每一幅画都是一个关于庸常生活的荒诞剧。

“马尔特？我是苏珊娜。
我在圣欧拉丽救赎教堂。
你想要我帮你求点什么吗？”

“这是格吕斯泰因医生诊所。

如果您在诊疗中，请按2。

如果您已在其他诊所接受过诊疗，请按2，再按#。

如果您因住院而终止诊疗，请按3，再按#。

没有特殊原因，请按4，再按*。

如果您想进行一次新的诊疗，请按5，再按6。

否则请挂机。”

“他从不跟我说‘你真美’，

而是说‘今天你看起来还不错’。

他也从来不说‘晚餐很好吃’，

只说‘你做的菜还行’。

总之，

我想回敬他一句‘我走’，

说出口的却是‘我真不知道自己为什么留下来’。”

《兰伯特先生》则完全是法国艺术电影的做派，在一个叫“Chez Picard”的小酒馆里，同样的男人每天围坐在同一张餐桌前，吃着同样的东西，谈着同样的事情。左边的餐桌上正在进行一场关于左派的辩论，右边的四个男人喋喋不休地谈论着足球。兰伯特先生没有出现，听说他有了女朋友，于是餐桌上的对话开始转向女人，以及各种真真假假的情事。然后，兰伯特先生的爱情结束了，他回到了餐厅，足球重新成为话题的中心，而关于兰伯特先生和他的爱情，我们仍然一无所知。

桑贝曾说他在这本漫画小说中试图捕捉一种人与人之间的简单关系，尤其是男人之间的。这样的关系在今天大概已经不存在了。“今天的人们同样说着愚蠢的话，但用的却是更假大空的语言，这就变成了讽刺，而不再是幽默了。这让我感到悲伤。”

桑贝强调自己的漫画是“幽默”，而非“讽刺”。因为他笔下每一个小小的人，都有他自己的影子。“我跟我笔下的人物很亲近，他们是我的同伴。通过开他们的玩笑，我嘲笑的是自己。”

桑贝最初以为《小淘气尼古拉》系列画插图出名，以 20 世纪 50 年代的巴黎为背景，讲述一个孩子温情脉脉成长的故事。但他极少谈到自己的童年。只有一次在接受马克 · 勒卡庞捷（Marc Lecarpentier）采访时，他谈到“自己的童年并不快乐，甚至可以说是凄惨和悲剧性的”。

他的养父是个推销员，每天骑着自行车到郊区的小卖店里兜售各种肉罐头，遇到生意好的时候就独自去小酒馆喝酒，回到家则跟老婆吵架，见什么砸什么……所以，硝烟不断、负债累累以及像逃跑一样频繁地搬家，这些都是他童年最为熟悉的剧情。

从 14 岁被学校退学到 18 岁只身来到巴黎画画期间，桑贝做过很多奇怪的工作，挨家挨户推销牙膏，骑着自行车穿越吉伦特（Gironde）山脉给人送酒。他的笔下经常出现骑自行车的人，他们骑自行车的架势有一种特别的决绝，好像再踩一脚就会把自己摔死。

也许正是这些经历，让他学会了以幽默、反讽作为应付人生的一种手段。伍迪·艾伦曾说：“一个人一旦拥有一种喜剧的视角，他看世间发生的一切，都会用一种喜剧的滤镜去看。但这种视角只有短期效果，没有长期效应，所以需要持续不断地刷新，就像一个人不断地用药，才能抑制疼痛。”

所以，80多岁的桑贝仍然每天画画，仍然是自己的作品最严苛的评判者。由于体力所限，他只能把更多的时间花在书桌前，而不是大街上。在一次采访中，他感慨希望自己多一点儿时间运动，或者读书，或者学一门语言，但回头看看，好像一辈子只做了画画这么一件事情。

看桑贝的采访，你会觉得这个人真的很害怕严肃地谈论问题，无论多严肃的问题，都会被他以狡黠的玩笑淡淡一笔带过。

问：你笔下的人为什么总是吹萨克斯风？

答：因为他们不会吹笛子。

问：为什么避免谈论政治？

答：我当然思考政治，只是没人听我的。

问：为什么不更尖刻一点儿？

答：我也试着要尖刻一点儿，结果被人扇了几个耳光，到今天还只能戴帽子出门。戴一顶帽子，会让你跟谁打招呼都显得很有礼貌。

但是，他的幽默从来不是尖刻的，而是带着一种恰到好处的忧伤和温暖，有时候，你仿佛能听到他笔下的那个小人在说：“别逗我了，我满眼都是泪水。”

桑贝的《纽约客》

从20世纪70年代起，桑贝一直为《纽约客》画插画，将他热爱的一切艺术都融入了这些漫画，比如音乐。他曾经说：“卡通就像爵士乐，它的存在为了暗示，这与我们今天文化里那种大惊小怪的倾向背道而驰。至少在我的画里，我追求德彪西和贝西伯爵那种简洁的美。”

音乐

THE
NEW YORKER

THE
NEW YORKER

THE
NEW YORKER

THE
NEW YORKER

THE
NEW YORKER

THE
NEW YORKER

舞蹈

THE
NEW YORKER

THE
NEW YORKER

THE
NEW YORKER

THE
NEW YORKER

THE
NEW YORKER

夏日时光

我们如此荣幸，曾被邀请进入他的世界——莫里斯·桑达克的童年、死亡与爱

“我清晰地记得我的童年。我知道那些可怕的事情。但我也知道不能让大人知道我知道，否则他们会吓坏的。”——莫里斯·桑达克

《野兽国》

4 年前，我无意间在一期《名利场》上看到莫里斯·桑达克（Maurice Bernard Sendak，1928—2012）的照片。一片阴郁的丛林里，一位风烛残年的老人拄着拐杖，眉头紧锁，一只同样衰老的德国牧羊犬伴其左右。

那时候我还不知道他是桑达克，不知道他是绘本界的毕加索，绘本领域 200 多年历史上最伟大的创作者。我只是单纯地被他眼神里的某种东西打动了，满是岁月的风霜、乖戾、愤怒、神经质，但又仿佛有很温暖的东西在里面……你不是经常能遇见那样的眼睛，故事在里面蠢蠢欲动。

我的采访信石沉大海，一个月以后，我才看到他去世的消息。失落之余，作为一种替代满足的方式，我在网上到处找关于他的采访。在一对一的对话中，你能感觉到他就在你面前，脾气暴躁，但又如此坦诚、睿智、敏感，充满了奇思妙想。他说话常常自相矛盾，但又让人觉得合情合理。比如，他说自己不相信来生，但满心期待能再见到已经去世 18 年的哥哥杰克。他说自己是一个快乐的老头，但是会一路哭着走向坟墓……

等待一场甜蜜的死亡

79 岁那年，桑达克动手画《小猪阿尔蒂》。其间，相伴 50 年的同性恋人尤金 · 格林（Eugene Glynn）死于肺癌，他深爱的姐姐也去世了，然后，他自己的心脏出了问题，做了一次心脏搭桥手术。他说，画这本书是他在死亡的惨淡中保持理智的唯一手段。这也是他所有故事中最欢快的一个，色彩前所未有地温暖和明亮。在这一点上，艺术家与孩子是一样的——你总能创造一个新的世界，那里发生的事情远比真实的世界要好。

小猪的疯狂派对结束后，阿姨说："好了，聪明鬼，你开过派对了，但下不为例。"

阿尔蒂含着眼泪说："我保证，我发誓，我永远不会长到10岁的。"

如此酸楚，如此幽默，生命的脆弱、滑稽与非理性都在其中。与美国国家公共电台（NPR）记者特瑞·格罗斯（Terry Gross）的采访中，他说，这两句台词总结了他的人生，以及他一生的创作，无论疯狂的、荒唐的、搞笑的，或者诡异的。它如此真实，尽管连他自己也未真正明白它的含义。

那是他生平最后一次接受媒体采访，因为是他喜欢的采访者，所以整个过程中感情真挚坦诚到令人动容。他说自己很幸运，得以活到老年，好好地欣赏过这个世界的美。如今，他在新英格兰的乡间避世隐居，安静地等待一场"甜美的死亡"，就像他钟爱的诗人威廉·布莱克（布莱克在死前的最后一刻从床上跳起来，开始高歌，可见快乐的死亡是可以实现的）。他窗前美丽的老枫树已经几百岁了，他安静地读书，读奥德赛、普鲁斯特、亨利·詹姆斯、乔治·艾略特、塞缪尔·帕尔默、威廉·布莱克、莎士比亚、叶芝……一切他希望自己离开世界之前一定要读，或者再读一次的书。当极度的悲观变得难以忍受时，他还有莫扎特的音乐。

因为自幼多病，桑达克很早就体验过死亡的威胁。小时候，他的祖母给他缝过一套全白的衣服，这样死亡天使会误以为他已经死了，而不至于带走他。事实上，他来到这个世界，本身就是个意外。因为经济困难，他的父母好几次试图打掉胎儿，但都没有成功。后来他们把这件事情当成一个有趣的故事讲给他听。

对于死亡，他一直有一种尖锐的敏感。他 4 岁那年，著名飞行员查尔斯 · 林白之子被绑架一案闹得沸沸扬扬，这个事件不仅是桑达克童年时代最严重的创伤体验，也对他一生的创作与生活产生极为重要的影响。如果一个孩子，父亲是飞跃大西洋的国家英雄，母亲是世界公主，家中有德国牧羊犬守护，居然还被人绑架和杀害，那么作为普通人家的孩子，还有什么指望？当那个孩子的尸体最终被发现时，“我觉得自己内心深处某种很重要的东西也跟着死了”。

所以，一种时日无多的无助感笼罩着他的整个童年，并蔓延到他之后的一生。在他生命最后一段时间，他的床边摆着一副诗人叶芝的死亡面具，醒来以后会把它放在自己的枕头上。

有一天，桑达克漫步进入黑森林，“童年”从此不一样了。

“我们是动物，我们是罪犯，我们很暴力，我们与猩猩狒狒没什么区别。但我们又必须要文明，要上学，要善待朋友，要给父母寄卡片。这些事情深深困扰我们，因为它如此背离我们的本性和欲望。如果我曾经做过什么，那就是让孩子表达他们真实的自己。他们无礼、暴力，但也可

爱。即使在最可怕的命运之前，也有欢笑的能力。他们同样懂得死亡、悲伤。他们无意伤害谁，只是不知道什么是对，什么是错。”

在美国国家公共电台对桑达克的一次采访中，桑达克清晰无误地表达了他的童年哲学。他说，在他之前，只有《爱丽丝漫游奇境》真正道出了关于童年的真相：一个噩梦。

桑达克痛恨成年人对于童年的浪漫化和感伤情绪——快乐的孩子生活在无忧的国度，阳光永远灿烂。他认为这是纯粹的欺骗。事实上，童年是人生最没有安全感的一个阶段，你没有能力保护自己，父母也并不总是能指望得上。

以他的经验而言，父母更是童年挫折与痛苦的主要来源。他的父母是第一代犹太移民，母亲 16 岁只身从波兰来美国投靠亲戚（因为她自己的母亲受不了她），但那个亲戚没多久就被车撞死了；他的父亲追随她来到美国，干苦力为生。他们不懂英语，没受过教育，艰难求生，而他们家族里绝大部分的亲戚正在纳粹的集中营里悲惨地死去。

他从小在一种哀悼的气氛中长大。父母和周围的大人灌输给他一种“负罪感”——日常生活的一切愉悦都是罪恶，因为他可怜的亲戚们正悲惨地死去。在街上玩球是罪过，连笑都是一种罪过，因为集中营里的小孩不能笑，不能玩球，你怎么敢快乐？

然而，正是在童年痛苦的阴影中，孕育出他独特的才华与艺术——所有黑暗的想象、邪恶的投影、逃亡的冲动，都悬置于梦境与清醒之间。他笔下的孩子常常是无礼、野蛮、专横的，他让我们真切地看到儿童内心强烈的挣扎，那些被压制的，或者无从表达的，对于自己，对于所爱的人的焦虑、恐惧和愤怒。他认为，只有真相才是真正的抚慰。

他总是在画一个孩子遇到一个问题，并以这样或那样的方式解决了这个问题，白日梦、幻想、疯狂的想象力就是他提供的武器。他告诉小孩子，恐惧最好的解毒剂不是通过哭闹要求父母介入，而是坚忍地退到一个想象的世界里，在那里，他们能独自掌控自己的生活和情绪，将创伤性的经验转化成生存和成长的能量。

我们随便挑一个画面，比如《野兽国》里麦克斯想回家了，野兽们挥舞着爪子大哭道："别走啊，我们要吃了你，我们好爱你。"仔细想想那个场景，挺可怕的，不是吗？

很多父母担心这个画面会吓到小孩子。其实，你问小孩子，他们并不真的觉得可怕。为什么？因为桑达克把它们画得很滑稽，很荒唐，又很幼稚，让他们觉得不足为惧。就像《爱丽丝漫游奇境》里那个喜欢砍人头的红桃皇后，《彼得·潘》里那个挥舞着铁钩的虎克船长。

"一直以来都是成年人自己需要安全感，却硬是投射到小孩子身上。孩子比我们想象的要聪明得多，勇敢得多。"他说。

桑达克的绘画完全是自学成才，当他最开始为童书画插画时，编辑告诉他，他的画不够漂亮，太奇怪，或者说，太丑陋。角色圆圆胖胖，细长腿（他说自己一辈子都没学好怎么画脚）、看起来很畸形。但桑达克坚持认为，这种表现主义最能够代表孩子内心的喧哗和躁动。

有人用“崇高”（sublime）来形容桑达克的作品所引发的审美体验。18世纪到19世纪，无数思想家和诗人曾经探索过这个概念——一种因为过于宏大或复杂，以至于人类意识难以完全把握与理解的情感状态或者想法。简单地讲，就是当人遭遇到某种未知时的恐惧、痛苦以及狂喜的混合。从某种角度来说，童年不就是一段漫长的、与未知相遇的史诗吗？

曾经有记者问他，像你这样有才华的人，画儿童绘本不觉得委屈吗？

对于这个问题，他引用了他钟爱的一位女歌唱家克丽斯塔·路德维希（Christa Ludwig）的回答。有人问过她同样的问题，为什么总是唱舒伯特，他的音乐简单得像维也纳的华尔兹？女歌唱家笑道：“舒伯特如此宏大，如此精巧，他只是挑选了一种看似卑微安静的形式，这样他能爬到那个形式里面，爆炸开来，以极简主义的形式，完美地表达出每一种情感。”桑达克也是如此，他在机缘巧合中挑选了一种最简单平凡的形式，但以此完美地表达了自己。

“我很疯狂，这我知道。而且，我知道这是我的作品好的原因。不是所有人都喜欢它，没关系。我也不是为所有人画的，或者任何人。我之所以创作这些东西，是因为我没法不画。”

爱——我们如此荣幸，曾经被邀请进入他的世界

桑达克去世后，他的好朋友，著名剧作家托尼·库舍回忆了这么一件往事：

几年前，桑达克的管家琳恩去探望他，发现他独自一人坐在客厅的沙发上发呆。她问他怎么了，他说，昨天晚上他一直听到奇怪的敲

窗户的声音，下楼后发现一只蝙蝠坐在沙发上。他靠着蝙蝠坐下，对方开始用德语跟他说话。它一直说一直说，但他德语不好，没听懂。直到它终于停下来，他问它到底说了些什么，蝙蝠说，它一直在说它有多么爱他。

“你相信我吗？”他问琳恩。

“是的，”她说，“不知道为什么，我相信。”

当桑达克问“你相信我吗？”的时候，他到底指什么呢？他是在问她是否相信他跟蝙蝠进行了一次夜谈？还是在问她是否相信故事里的隐喻？她是否相信这才是爱接近他的方式：在孤独的夜里，无人问津的房间，一只从潜意识的洞穴深处飞出来的奇怪的动物，用一种几乎无法理解的、诱惑的、禁忌的语言，莫扎特、马勒与纳粹大屠杀的语言，以及弗洛伊德的语言，在一张沙发上向他倾诉心曲？他是在问她是否爱他，以至于愿意与他一起跨出现实，进入想象的领地，只有在那里，他才能真正被理解？换句话说，她是否相信想象？相信艺术？

2014 年，桑达克一生最后一部作品《致我的兄弟》的中文版面世，出版方蒲公英童书馆给我送了一本。一开始，我没看懂，从文字到画面都充满了密集的隐喻和复杂的意象，但作者在其中所投注的情感的强烈程度却无须理解，只需感受。

在这本书的序言里，莎士比亚学者史蒂芬·格林布拉特（Stephen Greenblatt）说，这个故事是基于莎士比亚晚年的传奇剧《冬天的故事》，以表达桑达克与去世的兄弟杰克团聚的愿望，“他似乎接受了莎士比亚笔下一个人物清楚提出的挑战：投身于无人航行的水域和无人到过的海岸”。

桑达克的确很爱他的哥哥杰克——他的人生与艺术最初的守护者。但我总觉得，桑达克在人生最后一段时光里，带着那样强烈的感情怀念的，恐怕不是已经去世18年的哥哥杰克，而是他的同性恋人尤金·格林。

书的最后一段是这样的：

> 杰克安然入睡，
> 躺在他兄弟的怀抱里。
> 盖伊轻轻地说，“晚安，
> 你会梦到我的。”

你也可以说，这是给所有逝去了的爱人的情书。

桑达克死后，很多人写了纪念文章，其中有一句话最能道出我们这些读者的心情，“我们如此荣幸，曾被邀请进入他的世界”。因为在这个世界里，他用一本又一本的书警告我们，世界既可怕，又可爱；生命既荒谬，又美好；死亡最终会将我们与所爱的人分开，但爱会延续，尽管生命不再延续。我们相信他吗？

不知道为什么，因为他的强大的魔法，我们相信。

《野兽国》1963 年出版，是桑达克一生最重要的作品之一。野兽的原型是童年时代他那些移民来美国的犹太亲戚，他们有着疯狂的脸、乱蓬蓬的头发、狂野的眼睛、可怕的牙齿，他们喜欢一直掐他的下巴直到发红。

《厨房之夜狂想曲》：男孩米奇在半夜掉进厨房的面团里，之后所有的情节就像梦境一般，浮游于厨房上空的米奇，帮助厨师做好了蛋糕……桑达克说，这本书是向纽约城致敬。从 2000 年到 2009 年，这本书一直在美国图书馆协会禁书排行榜上排第十四名，因为在整个故事中，小男孩一直光着身子，露着小鸡鸡。

《在那遥远的地方》：这是桑达克自己最钟爱的作品。女婴米莉被五个小妖怪绑架，这是照着20世纪30年代查尔斯·林白的幼子画的。林白之子绑架案发生之时，桑达克才4岁。这个事件不仅是桑达克童年时代最严重的创伤体验，也对他一生的创作与生活产生极为重要的影响。

《淘气猪阿尔蒂》：一只孤儿小猪（它的父母被吃了）为自己举办了一场滑稽的生日派对。自20世纪80年代以后，桑达克已经将更多的精力放在戏剧艺术上，为歌剧和芭蕾设计舞台布景和服装，这是他30年后重新拿起画笔画绘本，连他自己也承认，只有回到绘本，回到童年的主题，他才能感觉到最自由的创作状态。

《我们与杰克和盖伊都很沮丧》：这是一个艾滋病弥漫年代里一群无家可归的孩子们的故事。饱受恶徒（大老鼠）欺凌的最弱小的小孩，因为月亮的守护，终于被杰克和盖伊这两名孩童救回贫民窟。桑达克希望由此揭开现代儿童的社会处境——大人们表面上主张20世纪的儿童已经得到前所未有的照顾，但在表面浮华的背后，其实还是有很多小孩遭到大人的遗弃。而且，当我们对成人感到无望时，小孩的坚韧与勇气，才是一切寄望的所在。

《乱糟糟啪嗒！生命不仅只是这样》：桑达克以自己的爱狗珍妮为主角画的（珍妮在这本书出版之前就死了）——一天，一只拥有一切的小狗（楼上有个圆枕头，楼下有个方枕头）决定去冒险，在鹅妈妈世界剧院当上了大明星，每天吃一个萨拉米做成的扫帚，她非常快乐，给主人写了一封信："哈罗，你可能已经注意到了，我已经永远离开了，我现在很有名，我甚至是个明星……我有很多喝的，不必挂念。"

《亲爱的小熊》是桑达克成名之前的作品。他说，熊妈妈是他梦想中的母亲形象。他一直渴望自己的生命中能有这样一个妈妈：她有温柔的外表和柔软的身体，她的一举一动，一言一行都是完美的，"她是一个梦想"。

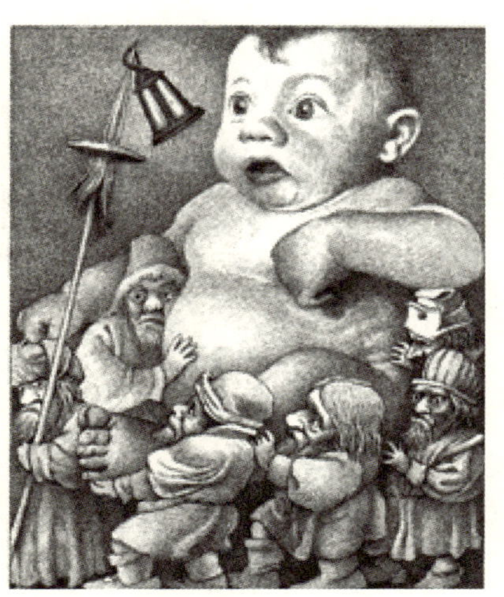

《格林童话》：桑达克为普利策奖小说家洛尔·西格尔（Lore Segal）翻译的《格林童话》画的插画。为了画这本书，桑达克专门坐船去了欧洲，希望能找到格林兄弟时期的风景和建筑。

《致我的兄弟》：这是桑达克死后出版的遗作，灵感来自于莎士比亚带有传奇色彩的诗剧《冬天的故事》。《冬天的故事》讲述的是西西里国王因为忌妒、猜疑，从而导致兄弟反目，众叛亲离，在经过十多年的痛苦遭遇后，终于幡然省悟，最终苦尽甘来，皆大欢喜。桑达克借用了莎士比亚这部传奇剧中关于兄弟的主题，以童话加插图的形式，表达了与其去世的哥哥在天国相聚的愿望。

谢谢你照亮阴郁的童年
——在六月坡“遇见”林格伦

我要比任何人更幸福，更自由，更强壮。

——长袜子皮皮

有人说，瑞典人是欧洲的日本人。他们又开放又保守，又礼貌又淡漠，常常拒人于千里之外。这种印象大致不错。所以，长袜子皮皮成为瑞典的一个精神符号，是一件很奇怪的事情，因为她完全代表了关于瑞典的一切反面——她衣冠不整，她不爱上学，她叛逆无礼，她信口开河，她把马养在家里……

六月坡的夏天

从著名的瓦萨沉船博物馆出来，沿着一片海港一直走，一路都是漂亮的游艇，在夏日午后的水面上静静地晃荡。这样的景色乍一看固然美好，但看多了，渐渐觉得有点乏味。所以，当疯丫头马迪根的大黑伞出现在眼前时，我才觉得眼前一亮，“六月坡”终于到了。

受到瑞典旅游局邀请，我们这次从斯德哥尔摩到北雪平、哥德堡、西海岸，再辗转回到斯德哥尔摩，一路上经过的基本上都是繁华热闹的大城市，北欧风光看了不少，海鲜也吃到想吐，但总觉得缺点什么。“六月坡”本不在此次行程之内，对我来说却是非去不可的地方——这里是进入瑞典的另一个入口。

这里原本是一个荒废的工厂，后来由瑞典导演斯达芬·约特斯坦（Staffan Gtestam）发起，建成了一个以林格伦①童话为主题的儿童博物馆。1996 年 6 月，由瑞典王室亲自揭幕，开业后立刻成了斯德哥尔摩最受欢迎的景点之一。“六月坡”这个名字是林格伦给起的，也是她笔下疯丫头马迪根的家。据说马迪根的原型是林格伦童年时代的一个好朋友，名叫玛迪，是一个银行经理的女儿，强壮勇敢，喜欢爬树，在屋顶上走来走去，还教林格伦怎么打架。

如果有人问“六月坡”是什么样子？

马迪根大概会这样回答：

> “啊，那是一栋普通的红房子！我们在厨房最开心，丽莎贝特和我在木柴箱上玩，帮阿尔娃烤面包。啊，还有，阁楼也是最开心的地方，丽莎贝特和我在那里捉迷藏，有时候我们装成魔鬼，玩吃活人的游戏。前廊也挺有意思，我们从窗子爬进爬出，装作海盗，一会儿上船一会儿下船。房子周围长满桦树，我能爬上去，但丽莎贝特不行，因为她太小，才 5 岁。有时候我也爬到木柴屋屋顶……但是，最好的地方是那条小河，我们可以到码头上，因为那里的水不深，再往河里走就深了。河的

① 林格伦（Astrid Lindgren, 1907—2002），瑞典有史以来最成功的、也是最受喜爱的儿童文学作家。——编者注

对面是大街，有一道丁香树篱挡着，所以别人看不见我们。但我们趴在树篱后面，听得见路人说话，这大概不错吧……”

《疯丫头马迪根》并不是林格伦最重要的作品，但她所热爱的关于这个世界的一切差不多都在这里了：红房子、小阁楼、大树、河流、海盗、孩子、清晨的咖啡、烤面包的香味，以及无休止的游戏和玩耍……当然，还有永远的盛夏 6 月。

我们到斯德哥尔摩的时候，6 月刚过，我们很不走运地错过了仲夏节。据说仲夏节是北欧一年中白昼时间最长的一天，瑞典人会用毛茛叶、三叶草、野天竺葵、秋麒麟草和欧芹装饰五月柱，然后围着它尽情唱歌跳舞，以庆祝夏天的开始。接下来的 5 个星期是他们的年度长假，瑞典人很少出国旅行，不是害怕舟车劳顿，而是因为最美的风景就近在咫尺。斯德哥尔摩就是一座非常美丽的城市，有人说它是被宠坏之前的巴黎，还有人说是更摩登的威尼斯，除市区的 14 座小岛之外，方圆几英里内还有 25 000 座小岛。驱车或者坐快艇一两个小时，就可以到某个美丽的小岛上呆坐晒太阳，品尝新鲜小龙虾了。我们的导游胡马迪说，如果瑞典人有什么值得骄傲的，那就是环境，包括干净的自然环境，以及人们对公平清明的生活环境的保护。“我们是保守的民族，这与瑞典的自然环境有关，这里的山水，这里的日照。”

对瑞典人来说，夏天里一切都是最好的，阳光、空气、湖水、食物……尤其是当他们想到，3 个月后就要进入漫长的冬季与长夜。斯德哥尔摩离北极圈很近，北极寒风一起，冬天倏忽即至。一入 10 月，湖面吹来的风就变得冷入骨髓。所以，瑞典人对于夏日的阳光无比珍惜。下午茶时间，烈日当空，却没有人愿意躲在树荫下，而是三三两两地在大太阳底下干晒着。

林格伦的书里，夏天里快乐的孩子是一个不断出现的主题。皮皮在南海，就是一次辉煌的夏日出游。“天气越来越热，他们的衣服也越穿越少。通过北海时他们还穿两件背心，把自己裹得严严实实，现在却赤身裸体，肚子上只围一块布兜，皮肤黝黑闪亮。”

在《大侦探小卡莱》里，林格伦这样形容小卡莱所在的小镇——“有那么多弯弯曲曲的小巷可以摆脱追踪的人，有那么多屋顶可以爬上去，有那么多板棚和售货亭可以当街垒……只要小镇有这些优势，就不需要多漂亮的风景。只要太阳照着就足够了。光脚踩着鹅卵石，感觉如此暖和舒适，好像夏天在你的整个身体里。”

如果皮皮长大

林格伦一生写过 80 多本书、17 部戏剧、27 部电影和电视作品。六月坡乐园里有一辆故事列车，能在 20 多分钟内带你游遍她的故事中绝大部分的风景：疯丫头马迪根傻乎乎地在屋顶上准备撑伞飞翔；恶作剧大王艾米尔把妹妹升到国旗杆上；风华正茂的胖叔叔卡尔松在斯德哥尔摩夜空的屋顶上飞来飞去；强盗的女儿罗尼雅与伯克一起在森林的熊洞里生活；狮心兄弟在南极亚拉的樱桃村对抗恶魔……

据说故事列车在设计的时候，林格伦已经 89 岁，插画家玛丽特·托尔奎斯特（Marit Tornqvist）每天早上 8 点带着一盒蛋糕，骑着脚踏车去她家与她讨论。她们一起读那些旧故事，并精选片段，最后林格伦浓缩出串联式的故事文稿。然后，她要与 70 多位瑞典最好的舞台设计、工艺师傅一起做出立体实景。

列车的终点站是长袜子皮皮的“乱糟糟别墅”——维拉·维洛古

拉（Villa Villekulla）。在林格伦的笔下，维拉·维洛古拉是一个歪歪扭扭，好像按自己心意长出来的小房子，院子里有一个过分茂盛的花园，老树上长满苔藓，百花各按各的心意随意盛开。这就是皮皮生活的方式——完全按自己的心意生活。

邻家乖小孩汤米和阿妮卡第一次见到皮皮，她正在倒着散步。“你为什么倒着走？”

“我为什么倒着走？”皮皮说，“我们难道不是生活在一个自由的国度吗？人们不是想怎么走就怎么走吗？”

林格伦从18岁来到斯德哥尔摩，此后一生的绝大部分时间都在这里度过。她在达拉卡腾街46号的故居，至今仍为她保留着，门牌上写着她的名字，但并不对外开放。据慕名拜访过她的人回忆，那间公寓其实很小，住着一家四口，很难想象她是怎么找到空间写作的。小小的客厅里总是摆上几盆花，从窗户可以俯瞰对面的小公园。大约70年前，正是在那个公园里突然下了一场新雪，37岁的林格伦不小心滑倒摔伤了脚，只能躺在床上修养，才决定把皮皮的故事写下来。她在一次采访中说，自己一生从未有过了不起的野心或梦想，对命运的各种阴差阳错，只是随遇而安。所以，如果不是那天那场没有预兆的雪，也就不会有皮皮了。

“皮皮没有妈妈，没有爸爸，这当然也很好，因为没有人告诉她什么时候应该上床睡觉，在她想吃薄荷糖的时候，也不会有人硬要她吃鱼肝油了。”林格伦几乎是不动感情地开始了皮皮的故事。

皮皮露达·维多利亚·鲁尔加迪娅·克鲁斯蒙达·埃弗拉伊姆·长袜子，这个有着一个奇怪冗长的名字的9岁小女孩，红头发，满脸雀斑，扎着两根冲天辫。她的名字来自她穿的一双长袜子，一只是棕色的，一只是黑色的，黑色的鞋子正好比她的脚长一倍。她唯一的伴侣是一只叫尼尔松先生的猴子和一匹马。她的妈妈很早就去世了，爸爸是海员，被风暴卷进了大海。但她确信，妈妈做了天使，通过一个小孔看着生活在人间的女儿；而爸爸漂流到了一个海岛，在那里住着很多黑人，他做了黑人国的国王，每天都戴着金色的皇冠走来走去。

像很多北欧神话中的主人公一样，皮皮被赋予了超人的力量：她能一手举起一匹马，双手举起一条鲨鱼，轻而易举地战胜马戏团的大力士，把自己的爸爸抛在手上玩。她自己告诉自己什么时候应该睡觉。睡觉的时候她让脚躺在枕头上，脑袋塞在被子下面。因为没有人给她写信，她就自己给自己写信。她还有一个装满金币的皮箱，所以从不缺钱。对她的朋友来说，皮皮更像是一个保护者，她的爱和温柔藏在那些荒诞的行为里，在她那不断变出礼物的抽屉里，在会长出汽水和巧克力饼干的大橡树里。

“罗素说，儿童渴望力量，就像成年人梦想性。”林格伦在 1985 年对《纽约客》的一次采访中说，“皮皮是一个有力量的孩子。她有力量，但从不滥用，没有多少人意识这有多难。她天性有一副好心肠。但你认为未来的孩子会是那个样子的吗？如果我能这样相信，我会非常快乐。”

皮皮曾经在 20 世纪 40 年代的瑞典引起巨大的争议。保守的教育学者们认为，这样一个不肯上学、在大人面前毫无礼貌的小女孩形象，是一种本末倒置、目光狭隘的表现：“没有一个正常的孩子会让脚睡在枕头上，在咖啡宴上吃掉整个蛋糕！”有人怒气冲冲地指责：“也没有正常的孩子能举起一匹马啊！”林格伦反驳道：“但是，如果一个孩子能够一手举起一匹马，她就完全有可能一口气吞掉一整个蛋糕啊！”

瑞典著名儿童心理学家乌拉·龙克薇丝说：“关于皮皮的故事，我的理解是作为一种释放。世界上竟有这么一个大人，她知道在遥远的地方有一个孩子，并且，感情总是在那个小家伙一边。”

很多人认为，正因为有林格伦，瑞典对儿童的重视与保护比任何国家都尽心尽力。所有瑞典儿童自出生之日起即可得到儿童津贴，直至 16 岁，而他们的父母可以申请长达 480 天的带薪假期以照顾孩子。瑞典绝大多数地方政府雇有专职的儿童看护，这是一种由国家补贴的社会服务，当孩子生病而家长因故不能亲自照顾时，都可请儿童看护帮助。中小学教育完全免费，学生可以免费使用文具，并可免费在学校吃一顿午餐。在外寄宿的学生每月可以得到住房补贴。还有很多人相信，皮皮是瑞典在性别平等上实现得如此之好的原因之一，看看这个国家在政商各界担任要职的女性有多少就知道了。他们还是世界上第一个任命女主教的国家。

皮皮不愿意长大，她给了两个好朋友两粒药片，吃了就永远不会长大。这是林格伦在暗示，皮皮代表的是一种触碰不到的神秘童年。但人们仍然不断地想象着皮皮长大之后会是什么样子？《龙纹身的女孩》的作者斯蒂格·拉赫松就曾多次公开表示，他的女主角丽莎贝斯就是长大了的皮皮。但我更愿意相信，如果皮皮真的长大了，应该像卡琳那样度过一生。卡琳是我在北雪平的科尔马尔登野生动物园里遇到的一位老太太，她有一双极其锐利的蓝眼睛和强健的双腿。她从 15 岁就在这个动物园工作，每天的工作就是照顾大猩猩、海豚和麋鹿，还有无数小朋友，至今已超过 45 年。

这个世界上，只有一个孩子能给她灵感

林格伦有两个孩子，7 个孙子孙女，但她说，这个世界上，只有一个孩子能给她灵感，那便是童年时代的自己。“我并不是为孩子写

书。我只是为了那个作为孩子的我写作。我写那些对我来说无比亲切的东西，树、房子、自然。只是为了愉悦我自己。”

林格伦出生于1907年11月14日，瑞典南部斯莫兰省一个叫维默比的小镇，在家中4个孩子中排行第二。她的家是一座有500多年历史的红色老砖房，周围环绕着苹果树。四兄妹小时候经常一大早爬起来，吃昨晚第一个掉下来的苹果。还有一棵猫头鹰树，因为有一只猫头鹰在树上筑了巢，她的哥哥有一次在猫头鹰的巢里放了一只鸡蛋，骗它为他孵了一只小鸡出来。而那座红色老砖房是她的故事里几乎所有房子的原型，皮皮乱糟糟的别墅、《狮心兄弟》开满丁香花与樱桃树的白色老房子，还有《米奥，我的儿子》玫瑰花园里的白色茅草屋……

其实，林格伦成长的年代正处于瑞典最悲惨的时候——瑞典工业起步不久，小镇生活远远落后于大城市，再加上南方土地贫瘠，从1840年到1930年数百万民众因为饥荒而逃离家园，其中斯莫兰占了很大部分。但是，因为她的父母十分恩爱，对待子女也疼爱有加，尽其所能给了她一个温暖而自由的童年。

林格伦曾为瑞典的一本杂志写过一篇文章《我最美丽的童年记忆》，细数了她和兄妹如何消磨美好的童年时光。在初春，他们如何探寻草地里不起眼的野花，像黄花九轮草、獐耳细辛花；她如何与妹妹坐在长满春草的沟渠里一整天，只为了享受被黄金色的虎耳花满满覆盖在身上的感觉。“我的童年里到处都是花。我从未见过任何果树像我家花园里的那棵苹果树那样开得繁花似锦，我也没在其他地方或时候，闻到过春天的味道是如此的香醇美好。”

他们亲近岩石与树木，就像亲近一切有生命的东西。爬树是林格伦笔下每个孩子的技能，多种古怪的剧情都由爬树而来。比如皮皮经常和她的朋友爬到树顶晒太阳喝咖啡。吵闹村的几户人家是靠树连着的，孩子们互相串门时就从树上爬过去。“一个人与树的关系，决定了他与自然的关系，”在一篇名为《世间有不同的树吗？》的散文中，她这样写道，“对我来说，世界上没有比树更私密、更生动的生命了。在瑞典，诗歌、故事、神话中，到处都有树。我小时候最爱的一棵树是祖母的白心樱桃树，挂满了大颗的黄色红色的樱桃，好像是天堂里才会长的树。我一直在想，也许在我们流浪的灵魂深处，一直渴望回到树林。或许我们自己都没意识到，我们多么后悔曾经离开那里。谁知道？也许是一种纯粹的乡愁，才让我们写下这么多关于绿色森林的诗歌与梦想。”

林格伦 4 兄妹经常穿过森林，到流浪者聚居的小农庄去玩，那里有贫民、“咖啡婊子”（据说因为喝了太多咖啡而发疯的女人），还有乡村妓女，他们总是深夜出来买一点面包和牛奶。挤牛奶的女工告诉他们，如果午夜 12 点在墓地沿着棺材走 12 圈，魔鬼就会现身。“当然，我们必须搞清楚这是不是真的，就像我们得搞清楚‘咖啡婊子’的真相。我们花了大量的时间探索这个世界上什么是真的，什么不是。不知不觉中，我从他们身上学会人生的各种情境，以及人生可以有多么复杂。”

林格伦活了 95 岁。也许是因为她的童年过于完美，以至于以后的人生无论怎样辉煌，与之相比，都显得暗淡无光。她的一生都沉浸在童话与儿童的世界里，以至于对其他一切似乎都兴趣寥寥，包括物质享受，甚至爱情。她 17 岁就做了未婚妈妈，不见容于当时社会，只好将儿子寄养在哥本哈根，她在斯德哥尔摩的一家汽车厂做秘书，经常要忍饥挨饿，才能省下路费去看她的孩子。她也极少谈及她后来的丈夫斯图尔特 · 林格伦，他去世时，她只是说：“我很喜欢他，风趣又仁慈，但从未爱过他。”

有一种说法是，林格伦初到斯德哥尔摩的时候生活困顿悲惨，所以把孤儿之类的悲惨故事都安排在城市，而美好的故事都安排在乡间。皮皮、马迪根、艾米尔、小卡莱，快乐的孩子无不生活在乡村或者小镇。在她所有的故事中，《吵闹村的孩子》被公认是最为恬静安逸的一个，故事讲的是 3 户人家 6 个小孩如何上学、过节、游戏、做家务，就像她回到自己的童年时代，重新活了一次，再把每天的日记记录下来。后来有一个小女孩给她写信，问：“世界上真的有吵闹村吗？如果有，我不想住在维也纳了。”

感谢你照亮阴郁的童年

网上能找到的林格伦的照片，大都是她晚年时拍的。有人形容她的脸有一种类似中世纪的朴素和清瘦，轮廓坚硬，一头银发，满面皱纹，深陷的眼睛里有清澈悲悯的光。

童年的欢愉并非林格伦全部的主题。事实上，她一生都关注儿童在孤独、边缘化中的挣扎。她给予孩子的，不只是欢乐，也有悲伤时的慰藉。她觉得孩子都是孤独的，哪怕他们不是孤儿。面对死亡，成年人可以用基督教的天国或来世梦想安慰自己，可孩子们怎么办？

她晚年几部作品都是因大胆描写黑暗面而引发争议。《狮心兄弟》就是一部关于死亡的故事。哥哥为了安慰病重的弟弟，对他描述了一个叫“南极亚拉”的地方，在那里，所有死去的人都重新相聚在一起。一开篇就能感受到沉重的意味——“约拿旦知道我很快就要死了。除了我之外好像别人都知道。他们是从学校知道的，因为我有病，一直躺在家里咳嗽，最近半年根本不能上学。妈妈帮助很多阿姨缝衣服，她们也都知道，其中一位曾经跟妈妈谈到过，我是无意间听到的。当时她们以为我睡着了。其实我没睡着，只是闭着眼。我继续装着没事儿一样，因为我不愿意表现出我已经听到了那件可怕的事情——我很快就要死去。”

林格伦在谈到这个故事的创作时说：“我喜欢去墓地里散步，读一读墓碑上的文字，就会觉得内心非常宁静。有一次，我在一个墓碑上看到，‘这里安息着两个小兄弟’。后来又看到类似的墓碑，但似乎从来没有小姐妹。我在想，他们出了什么事情？为什么会这么早死去？我有这种感觉，但不知道怎么做才好。然后，有一个冬天的早晨，在穿越瑞典的火车上，看到雪后一场玫瑰色的日出，我突然知道我想写什么了。我想，对于那些害怕死亡的孩子来说，这本书也许会是一种安慰。”

很多评论者对《狮心兄弟》两兄弟近似自杀的结局感到震惊和错愕，并强烈质疑这是林格伦在鼓励自杀。林格伦回应说：“死亡与爱，是身为一个人，无论在任何年纪都必须体验的两件事。在这两件事上我们不能只用焦虑来吓孩子。他们需要艺术来提升和唤醒，这跟大人所需要的是一样的。”后来有一个德国母亲给她写信，说自己的女儿 9 岁，死于白血病。死前最后两年，《狮心兄弟》是她唯一的安慰。当她的两只小兔子死去，她说，哦，它们在南极亚拉。也有很多人写信，感激她写的长袜子皮皮，但她最欣慰的一封信是一张来自一个陌生女人的纸条，上面写着：“感谢你照亮了我阴郁的童年。”

1971 年，瑞典学院要给林格伦颁发最高荣誉的院士头衔，她说，瑞典学院？他们要一个半盲半聋又疯狂的老女人做什么？ 10 年后，这位“疯狂”的老太太又写了一本《强盗的女儿》，是她一生中为孩子写的最后一个童话，也是唯一一个关于爱情的童话，书中浓烈的初恋之爱与青春热情，很难想象是出于一位老妇人之手。此后，她因为视力退化而停笔。晚年的最后一段时光，她看不见也听不见，静待死亡。

2002年1月28日，林格伦在租了60年的公寓中安然辞世。瑞典的许多家庭为她点起蜡烛悼念，葬礼选在妇女节举行，仪式由电视台全程直播。皇室成员全都参加，无法进入会场的人，在街上结伴安慰。当天，光是斯德哥尔默街上哀悼的居民，就超过10万人。

在一本回忆录里，林格伦这样总结自己的一生："记忆——它承载着未知的、沉睡的宝藏：我仍能看到、听到、闻到童年的一切；我仍能看见、闻到和记起牧场里怒放的玫瑰丛，那是最初向我展示何为'美'的玫瑰；我仍能听到某个夏日深夜黑麦地里传来火车的轰鸣，春天晚上猫头鹰在树上的叫声；我仍然清晰地记得从冰天雪地里走进温暖的牛棚里的感觉；我记得小牛犊的舌头舔着你的手时的感觉；我记得兔子闻起来的气味、车篷里的气味、牛奶在桶底晃动的声音，小鸡刚孵出来时紧缩的小脚。这些可能不是多了不起的记忆。了不起的地方在于，它们是我们初到人间时所体验到的强度。"

第二章

关于人生，我所知道的一切都来自童书

“被爱着”是一种什么感觉？——隐喻的魔力

比起语言的隐喻，视觉的隐喻形式可能更加敏锐、生动与丰富，甚至超越眼睛的界限，进入心灵更深刻的范畴。

有一次，我与一位绘本作者聊天，聊到语言和图画作为两种语言各自的优劣之处，比如图像擅长具象的描绘，而文字擅长抽象的概念。情感是最抽象的东西之一，比如“爱”，是看不见的。你可以很容易地用语言来表达“我爱你”，但用图画怎么表现呢？

所以，看到《今天我感觉……》时，很有一种茅塞顿开的感觉。

我们来看看这位作者是如何表现“被爱着”（beloved）这个词的：

《今天我感觉……》是一本奇特的字母书，作者是一位葡萄牙女设计师，从a到z，每个字母对应一幅单幅图画，没有具体的故事，但词语与画面之间构成了十分奇妙的隐喻，隐喻之间的意义可深可浅，需要读者自己去探索和诠释。

作者表示创作这本书的初衷是为了让孩子理解“情感”——26个字母分别对应26种情绪。对孩子来说，理解这些情绪并不容易，因为它看不见、摸不着，属于抽象的概念。

但这本书更打动我的，是作者对情绪的“视觉化”过程如此的富有想象力，充满了奇特的隐喻。

且看她如何表达。

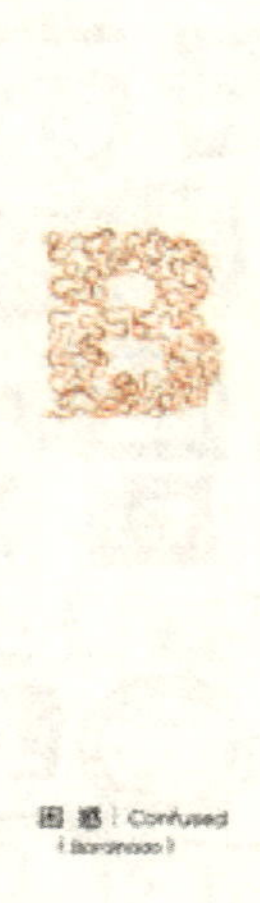

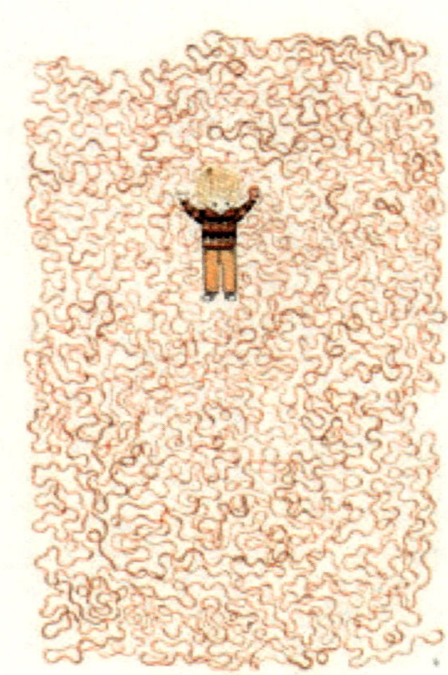

“困惑”

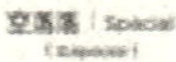

空荡荡

遥远 | Distant

遥远

紧张 | Nervous

紧张

乐观

高大

作者玛德莲娜·莫尼斯（Madalena Moniz）在自述中说，这本书的创作以某种角度来说是一次智力游戏，考验自己如何在图与文字之间找到一种最有趣的关系。“有时候我会想到一个词，画面会立刻蹦出来；但有的时候，我先有一个画面，然后找到一个完美的词来表达它。”

这让我想起丹尼尔·塔曼特（Daniel Tammet）的回忆录《生于忧郁的日子》。塔曼特是一个阿斯伯格综合征[①]患者，他拥有惊人的“记忆数字”能力，能将圆周率背诵到小数点后面第 22 514 位，但他无法理解常人的感情和情绪，所以他学会了以视觉的联想去理解抽象的，或者隐喻的词语。比如“复杂”这个词，在他心里唤起一种编成辫子或盘起来的头发的形象；“脆弱的和平”在他心里则变成一只玻璃做的鸽子。

在我们一般人的概念里，隐喻只是一种语言的修辞手段，像亚里士多德所说，是“用一个事物来表示另外一个事物”。但事实上，隐喻的形式可以非常丰富。按照科学家的说法，所谓“隐喻”，从本质上来说是一种“模式识别”的能力——当我们制造一个隐喻的时候，其实是在寻找本体与喻体之间的相似性。不仅物与物之间有相似性，人的不同感知形式与心理层面之间也有相似性。

从这个角度来说，隐喻绝不仅是一种语言现象，更是人类一种最根本的思维方式。我们大量的思维和推理是以这种类比的方式展开的，并由此衍生出各种语境的交换与思想的交流，使我们得以学习、交流、发现和创造。

---

① 阿斯伯格综合征：属于孤独症谱系障碍或广泛性发育障碍，具有与孤独症同样的社会交往障碍，表现为局限的兴趣和重复、刻板的活动方式。——编者注

很多父母都能回忆起孩子小时候那些信手拈来的妙语如珠，比如下雨是白云哭了，天晴了是太阳笑了……这种制造隐喻的本能显然有着某种进化的源头。事实上，一只叫“Kanzi”的矮黑猩猩证实了这种设想——在美国心理学家休·萨维奇-朗博（Sue Svage-Rumbaugh）的调教之下，这只黑猩猩不仅能听懂几百个英文单词，还能通过键盘用简单的象形文字与人类交流，它甚至能制造简单的隐喻——用“水”（water）和“鸟”（bird）来表示“鸭子”（duck）。

一个孩子在童年早期制造隐喻的方式，与这只大猩猩很相似，大都属于是名词与名词之间的简单替换。而且，这种能力大都是 1~2 岁期间开始表现出来的，也就是从他们开始玩“想象游戏”或“假扮游戏”（make believe/pretend play）开始的。

心理学家艾伦·莱斯利（Alan Leslie）认为，这个年纪的孩子开始创造“元表象”（meta representations），通过这些“元表象”，他们得以想象性地操纵周围的物体以及他们关于这些物体的想法。也就是说，在这个阶段，隐喻就是“玩”本身。通过假装游戏，他们自然而然地用一种东西来指代另外一种东西，比如梳子是蜈蚣，树枝是一把剑，扫帚是火箭，蘑菇是一座房子……通过想象，或者说隐喻，他们将巨大的现实世界微缩到他们的智力能够掌控的大小。

一方面，由于孩子的大脑中负责“模式识别”的神经回路尚未被范畴、成见和预设所束缚，所以他们能制造出大量新奇、有趣的隐喻，但另一方面，受限于认知能力与人生经验，他们的隐喻只能停留在最明显的表面，而无法进入更抽象的心理层面。

或许借助于视觉可以改变这一情况？很多时候，比起语言的隐喻，视觉的隐喻形式可能更加敏锐、生动与丰富，甚至超越眼睛的界限，进入心灵更深刻的范畴。

如安东尼·布朗所说："每个孩子都画画，他们本能地知道画画不是关于复制一个东西或者场景，而是关于交流，关于创造，关于运用视觉的想象力。"

所以，他喜欢在自己的绘本中大量使用隐喻，以错位、重置等手法在每个小细节处安插寓意，供孩子猜测、推敲与探索，就像一场场小小的智力游戏。

比如在他的《形状游戏》中，它本身就是一个有趣的游戏，先由一个人随意画一个任意的形状——也许你觉得这个形状有点像帽子——于是你稍作变形，把它变成了一个帽子，由此，你创造了一个视觉的隐喻。就像《小王子》中所写的，小孩子在帽子里看到蛇吞大象，实在是想象力的起点。

给孩子一本书的寂静

在《阿莫的生病日》中，一个叫阿莫的动物管理员生病了，被他平日温柔照料的动物们（大象、企鹅、犀牛、乌龟、猫头鹰）坐着公交车来探望就是这么一个简单得不能再简单的故事，作者菲利普·斯蒂德（Stead P.）却说："关于一个人如何与世界建立关联，我已经在这本书中将一切我想说的都说完了。"

他和他的妻子艾琳·斯蒂德（Stead E.）一起接受我的采访。这是他的第二本书，她的第一本书。他写的故事，她画的插图。他显然更擅长交谈，她则静静地坐在一边，就像书中那只小企鹅坐在阿莫的身边。

她说，那只小企鹅画的就是她自己。"有人说我喜欢动物的程度多过于人，这不是真的。跟人相处的时候，我经常因为害羞而紧张，但跟动物在一起的时候却很自在。比如我很喜欢企鹅。这种动物在陆地上显得笨拙而懒散，但一到了水里，立刻变得很迅捷和优雅。这一点与我很像。"

整个故事源自她的一则小素描，一个老人与一只大象下国际象棋。这个画面已经在她的脑子里潜伏了很多年——一个人与一个动物在一起，曾经是她最喜欢画的题材，其中有一种类似魔法的东西。但在此之前，因为严重的自我怀疑，她已经有三年不碰画笔。她先是在纽约一家童书店帮忙卖书，然后进了童书出版业，给一家童书出版社的创意总监做助手。

但菲利普一直希望帮助她重拾画画的信心。所以，当他看到这则小素描之后，连夜给她写下了这么一个温柔的小故事。故事里有爱下棋的大象，害羞的企鹅，老是感冒的犀牛，喜欢赛跑的乌龟，还有一只怕黑的猫头鹰。老人阿莫则是他心目中某种“纯粹善意”的化身，就像英国作家罗尔德·达尔笔下那位善良的哈尼小姐（《玛蒂尔达》）。达尔是他小时候最喜爱的作家，他读过他所有的故事，人们总是记得他的故事中黑暗的一面，但不记得他笔下那些善良的人。

她立刻爱上了他笔下的这些动物，每一个动物都像是从她灵魂里流淌出来的一部分。“没有人比他更了解我。当他给我写故事的时，我能以最自然的方式画出来。”

一个老人与大象下棋，与乌龟赛跑，给犀牛擦鼻涕，陪企鹅静静地坐一会儿，在昏黄的路灯下为一只怕黑的猫头鹰读书，还有一只小鸟、一只小老鼠，以及一只红气球，时不时地跑出来打个酱油。

她用铅笔线条细细地勾勒出动物们栩栩如生的表情，有温柔的、傲娇的、羞涩的、担忧的、关切的，颜色是用木块覆盖上去的，淡雅的粉色、桃色、蓝色与绿色，间以明亮跳脱的红色，调节整个画面的节奏。

你看着这些动物，虽然是拟人化的处理，但仍然觉得它们自有一种属于动物的温柔和庄严。它们既是动物，也是人。而人，既是人，也是动物。这或许就是艺术的力量：赋予平常事物以陌生之光芒，无论是关于自己，还是关于他人。

“这是过度阐释吗？”我问这对年轻的夫妇。

“我对于孩子理解复杂情感的能力有很大的尊重，”菲利普说，“他们也许没有词汇和语言来表达自己的感受，但并不代表他们感受不到那些情感，或者无法理解其中的意义。比如在我 8 岁的时候喜欢独自在自然里待着，我表达不出来，但我知道那种渴望。他们也许没有词汇表达这种渴望，但当他们在一本书中看到，他们会认出来。其实，我们在书里处理的主题，与成年人在成人文学中处理的主题是一样的，关于友谊，关于善意，关于互相关爱，甚至关于孤独，只不过是以一种特殊的方法呈现给孩子。”

从这个角度来说，他们对于绘本创作的理念更接近美国 20 世纪六七十年代的传统，那时候的绘本作家对孩子有足够的尊重。比如李欧·李奥尼的《小黑鱼》就是从一个很可怕的故事开始的：大海里住着一群小鱼，大家都是红色的，只有一条是黑色的。有一天，一只凶猛的金枪鱼吃掉了所有的小红鱼，只有小黑鱼逃走了。之后，李奥尼用了大量的篇幅描绘小黑鱼孤独一人徘徊在海里的场景。这是一个非常悲伤的故事，如果搁在今天，即使在美国，出版这本书也会非常困难。但李奥尼相信孩子不仅能感受到悲伤，而且也能理解这本书其实是一个关于希望的故事。

当小黑鱼落单以后，才第一次用自己的眼睛来观察海中的世界，才意识到这个世界的美丽和神奇，也由此意识到自己是什么样的存在，并最终靠智慧扭转了自己和朋友的命运。

他们在《阿莫的生病日》之后的两个作品——《如果你想看鲸鱼》与《然后，春天来了》，都是根据诗改编的。他们的一个朋友是诗人，有一年，她每天写一首诗，《鲸鱼》与《春天》是其中他们最喜欢的两首，于是决定将它们做成绘本，一本是一个男孩和一只小狗去海边看鲸鱼，另外一本则是一个男孩带着一只小狗在花园里种下种子，等待春天的到来。

没有故事，只有诗的语言，意识流一般的画面，但孩子们居然也看得津津有味。在读书会上，他们与孩子一起读《如果你想看鲸鱼》，当鲸鱼终于出现在最后一页的时候，孩子们爆发出惊喜的掌声。

但他们能理解其中的等待、焦虑、不确定性吗？

“我不知道。”菲利普说，“但只要你还记得童年时代的自己是什么样子，而且你尝试以尊重与坦诚和他们对话，我觉得任何对话都是可能的。”

“我们的书都很安静，”菲利普说，“我在一个很吵闹的家庭长大。父母都是音乐家，小时候家里总是放着很响的音乐，彼此之间说话也是吼来吼去。我只要有机会，就一个人躲到某个安静的角落画画。所以，当我有机会了，就想着创作一些让孩子能够静处的书。”

“我觉得孩子是很渴望安静的。但是，在我们这个时代，安静——找到时间和空间独处、思考——变得越来越难了，尤其是对孩子而言，他们每天要面对很多的噪音和干扰，尤其在大城市里，总有各种各样的事情在抢夺他们的注意力，电视、游戏，网络……几乎没有时间让他们安静下来，思考自己想要成为什么样的人。”

“是的。做一个小孩子并不是一件容易的事情，安静不容易，交朋友不容易，不知道该如何融入，融入哪里。很多时候，你会觉得自己是被扔到这个世界上的，每个人都了解这里的规则，只有你不明白，”艾琳说，“所以，关于童年的快乐、悲伤、孤独、不合群，这些好的、坏的感受，我们都一并放在自己的书里，并尊重每一种感受。”

关于人生，我所知道的一切都来自童书

作为成年人，我们的感官无时无刻都在为日常的经验所磨损，为现实的逻辑所桎梏，被隐秘的恐惧所封锁，我们一个劲儿地为世界何以如此寻找解释，却在寻找的过程中失去了欣赏与感受惊奇的能力。有时候，只有在为孩子所写的故事里，才能找回那种属于自然和原始的感受力。

《鳄鱼爱上长颈鹿》

美国资深童书编辑戴安娜·马尔德罗（Diane Muldrow）曾写过一本书，叫《关于人生，我需要知道的一切皆来自小金书》（*Everything I Need To Know I Learned From a Little Golden Book*）。小金书是美国一家著名的童书出版社，从20世纪50年代起出版了大量的童书经典，包括《马戏团时间》《动物健身房》《不莱梅的音乐家》，她采访了许多著名人物，让他们谈论童年时代阅读的童书对于他们一生的影响。在这个物欲横流的世界，成年人或许应该多读点童书，那里包含了人生最朴素而深刻的智慧。

你的人生是否开始变得像马戏团了？

每天多运动

凝视星星

让音乐成为人生的一部分

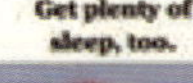

多多睡觉

机缘巧合，我遇到了来自台湾的儿童文学作家方素珍，除了写作之外，她一生致力于推广童书，30多年来读过的童书不下两万本，于是恳请她谈一谈那些曾经打动过她的童书。

方素珍35岁时翻译了美国童书作家芭芭拉·库尼的一本绘本《花婆婆》，顺便继承了这样一个温暖俏丽的名字。

她喜欢将自己推广绘本阅读的事业比作“种花”：

“讲故事，是给每个孩子心里播下一颗种子，住进来一个小精灵。你今天讲了一个幽默的故事，孩子的心里就住进一个风趣的小精灵；你今天讲了一个悲伤的故事，他的心里就住进去一个忧伤的

小精灵；你今天讲了一个充满想象力的故事，他的心里就住进去一个天马行空的小精灵……这些小精灵累积到最后，其实就是‘智慧’两个字。”

在芭芭拉·库尼的故事里，花婆婆一路走过岛屿、沙漠和海边小镇，播撒鲁冰花的种子，希望让世界变得更美丽。

在现实里，方素珍长年奔波于台湾、香港和大陆（内地）各地，从大城市里窗明几净的大教室，到穷乡僻壤间只摆了两三本教科书的破烂小书架，给孩子们讲故事，也指导家长和老师让孩子们爱上阅读的方法。她说，绘本可以读，但也可以各种“玩”——以戏剧的方式，以手工的方式，以故事会的方式……

方素珍说，自己在35岁以后，人生所有的养分几乎都来自绘本。她提起自己非常喜爱的一本绘本《有麻烦了！》，讲一个小男孩熨衣服时不小心在外婆亲手绣的一张桌布（也是妈妈的最爱）烫出了一个印迹，小家伙吓得脑子乱成了一锅粥，臆想着各种可以逃避推诿的方法——世界上最昂贵的洗涤剂、超级厉害的网络偏方……再多的祈祷都没有用，最后还是向妈妈认了错，没想到妈妈不但没有责怪他，还沿着印迹绣出了一条可爱的鱼。如此一来，这个桌布就成了全家人的最爱，因为它有了三代人共同的回忆。

“这本书什么时候派上用场？我不知道。但我偶然读到了，觉得很喜欢，它已经变成我心里的一个小精灵。”

她翻译过一本《鳄鱼爱上长颈鹿》，讲小个头的鳄鱼先生爱上了大个头的长颈鹿女士，“关于爱情，关于婚姻，关于一对男女的磨合，我从未见过比这几本书更深刻的寓言。”方素珍说。

《幸运的内德》

真幸运！内德被邀请参加惊喜聚会。

真倒霉！聚会在千里之外举行。

真幸运！一个朋友借给他一架飞机。

真倒霉！发动机爆炸了！

真幸运！飞机上有个降落伞！

真倒霉！降落伞上有个窟窿！

……

每一次好运与霉运的交叉点，乐极生悲，否极泰来，种种跌宕起伏，柳暗花明，既好笑，又发人深省。

“人生不如意事，十常八九。当不幸的事情发生时，就会想起这本书，静候好运的到来。”她说。

还有法国绘本大师埃尔维·杜莱的《点点点》，真的就是纯粹的好玩，异想天开地好玩。拿掉文字，你不知道它在讲什么，但配上文字，就觉得好玩得不得了，就好像有魔力一样。

《文字工厂》也是她钟爱的绘本，充满了诗意。世界上有一个奇怪的地方，那里的人几乎不说话，想要说话的人，必须先购买文字，并且把它们吞下去，才能发出

声音。一个名叫菲雷的小男孩，他想向美丽的西贝儿表达心意，但没有钱，只买得起“樱桃、灰尘、椅子”几个字。他的情敌一掷千金，武装了各种爱情的甜言蜜语，但西贝尔却听懂了“樱桃、灰尘、椅子”，给了菲雷一个甜蜜的吻。

爱情，能如此轻易地穿透语言的表面，到达意义的深处，多么的神奇。《文字工厂》是方素珍的小儿子“胖石头”最爱的一个故事，小时候不知道给他讲了多少次，每次讲到最后，他都会说“再一次”，这也是书中菲雷对西贝尔说的最后一句话。

“胖石头的学业成绩让我很头疼，但他待人处事很温暖，一半是天分，一半是我平日给他读的东西都是有温度的，反映到生活上，都是有想象力的，温暖的。”

就像她的母亲刚过世时，才 6 岁的胖石头常常搂着她的肩膀，一副小大人的语气说：“又在想你的妈妈啦？你的妈妈去天上和她的妈妈喝下午茶了！”

看到夕阳，他会说，“是外婆在天上煎蛋呢”。

月亮升起来，他会说，“外婆在那里开灯了”。

下雨了，他会说，“外婆，你别在上面洗衣服了，水都滴下来了”。

把这些童言童语记录下来，就成了她的一本感人至深的《外婆住在香水村》。

“只要想念，就无所不在。”她说，“直到现在，每天晚上睡觉之前，我都会跟我的爸爸妈妈说一声‘晚安’。我相信他们没有不见，只是换了一个地方生活。有时候坐飞机，经过一片云，就会想，这里大概是离我爸爸妈妈最近的地方了。”

孩子，让我们来谈谈这个世界最糟糕的一面

今天长大的每一个孩子，都必须思考他周围世界的种种冲突，他们都应该读一读《安妮日记》。——麦克·莫波格

小主人公麦克的外公有一张变形残缺、木然无笑的脸，他从小就对这张脸感到既恐惧又好奇，但母亲的警告令他不敢向外公探听半句。直到一年夏天，麦克独自去希腊的一个小岛探望外公，并陪伴他生活了一段时间，才渐渐了解了这张残缺的脸背后的真相。

麦克·莫波格（Michael Morpurgo，1943 年生）英语系国家最受欢迎的作家之一，获英国童书作家至高荣誉——“桂冠童书作家”。他出版了百余部儿童文学作品，几乎本本畅销，曾获无数大奖，如英国“惠特布莱德童书奖”、英国“聪明豆童书奖”，以及英国小读者自主票选的“蓝彼得童书奖”和“红房子童书奖”。他的图书被翻译成各国文字广泛传播。多部作品曾翻拍成电影、电视剧、舞台剧和歌剧，《战马》更是被斯皮尔伯格搬上大屏幕、获 6 项奥斯卡提名。麦克和他的妻子克莱尔共同主持了“城市儿童下农场”计划，为生活在城市里的孩子们开办了“慈善农场”，每年都会邀请城里的孩子到农场体验乡村生活，并引导孩子们从动物和大自然中学习包容和宽恕。

在读《半面人》之前，我不知道，一本小小的写给孩子看的书，可以包含如此巨大的伤痛，同时又提供如此深切的抚慰。

麦克·莫波格从来没有写过奇幻作品，他的故事里没有神奇的魔杖，没有会飞的龙，没有会下金蛋的鸡，没有会变成王子的青蛙……

他曾经说过，自己缺乏某种天马行空的想象力，“我没法写幻想故事，我没法发明一个不存在的世界。我甚至没法读幻想故事，比如《纳尼亚传奇》，我对这个故事的兴趣只维持到那些孩子走到大衣柜之前的那一段……”

他的故事永远扎根于现实：农场、孤岛、被政治和宗教冲突撕裂的高墙下，还有永远的战场。《半面人》的故事就是从一位新西兰战地整形医生阿奇博尔德·麦金杜（Archibald Mclndoe）的回忆录中而来的。“二战”期间，这位医生在东格林斯蒂德的维多利亚女王医院里建立了整形外科手术中心，专门治疗严重烧伤和面部毁容的飞行员。

在书中，莫波格以一种近乎冷漠的笔触描写这一残酷的手术过程："医生们像玩拼图一样，把支离破碎的我又拼到了一起，只不过他们拼接的是一块块皮肤、骨头和肌肉。问题是，我的拼图丢了许多块，他们怎么努力，怎么费心，我看起来还是一团糟。"

但我想，这个故事之所以如此充满力量，恐怕是因为它流淌着莫波格自己内心最深刻的创痛——小主人公麦克的外公在"二战"中被鱼雷击中，脸部严重烧伤，变成了一个半面人，身心遭受重创之际，妻子带着年幼的女儿离开了他，从此十几年未能相见。莫波格的生父"二战"期间也在战场搏杀，回来后发现妻子已经爱上别人，并且带走了他的两个孩子。莫波格直到 19 岁才第一次见到自己的生父，而且是在电视上——加拿大版的《远大前程》里，皮普半夜偷偷溜出去见逃犯马格维奇，阴森的墓地里，带着锁链的犯人突然从墓碑后面出现。他的母亲看到这里，突然抓住他的手尖叫："天哪，这人是你的父亲！"

莫波格生于 1943 年 10 月。虽然战争在他还没来得及懂事之前就结束了，但在他的成长过程中，战争从来不是一个遥远的过去时，而是近在眼前，徘徊不去的幽灵——满目都是破碎的建筑、破碎的家庭、破碎的心。死者已矣，但生者仍需在无尽的哀痛之中一日日过下去。

他的两个舅舅死于战场，他的母亲常常以泪洗面，而他与自己的生父多年未能相见。他与继父的关系并不好，成为一个“莫波格”并不是他自己的选择，他也从未喜欢过。继父认为他脑子不好使，不是读书的料，很早就将他送去了军校。如果不是因为他后来遇到妻子克莱尔，得以重新扭转自己人生的方向，如今他的人生大概会是一番完全不同的光景。

他曾经在一次采访中表示，从某种角度来说，他一直都是那个生于 1943 年，在伦敦被炸的面目全非的废墟边上长大的男孩，而“呈现战争的普遍苦难”是他写作最重要的驱动力。

多年前，他遇到一位曾在骑兵部队服役的“一战”老兵，听他说起马是那里唯一能和他说话的“人”。“一战”期间，大约有 100 多万匹英国马在前线被杀，活下来的则被卖给法国的屠夫，以省去回国的运费。他最著名的作品《战马》就是由此而来。

他读到一封写于 1916 年的旧电报，告知一位母亲她的儿子因为战场上的懦弱行为已被枪决。他去探访这位士兵被处决的地方，并在他的墓碑前伫立良久。他发现还有超过 300 名英国士兵曾经这样在黎明时被枪决，罪名是懦弱或擅离职守，其中有两名士兵则是因为在守哨时睡着。于是就有了《柑橘与柠檬啊》。

他写了一个又一个关于战争的故事，一方面是他想把这些人的故事说出来，另一方面也是因为他好奇，如果有一天是他自己在战场上，任何一个战场上，会如何应付那样的残酷和苦难？在不断地书写与想象中，“我觉得自己与那些人当时的处境靠得更近，更能体会何谓毫无价值的废物，何谓不是；何谓勇气，何谓懦弱。从中，我开始更加了解自己”。

很多人会怀疑这样的动机：战争这样沉重的话题，何苦要讲给孩子听？何苦要让他们天真的心灵承载如此毁灭性的阴影？

莫波格说他追随的是诗人西格夫里·萨松[①]（Siegfried Sassoon）的传统。他引用萨松的话来表达自己一生的心愿——“摧毁大多数留守家中的人对于他们不愿分担，也因缺乏想象力而无法意识到的痛苦的麻木不仁”。他希望新的一代孩子长大，在他们听到现代战争时，能超越现代政客的“油滑”。

“很多孩子问我为什么书里有那么多的悲伤，”他说，“我想说人生就是悲伤的。别以为对悲伤的理解是在你长大之后的某一天突然开始的，而在此之前你只能被逗乐。事实上，今天长大的每一个孩子，都必须思考他周围世界的种种冲突，他们都应该读一读《安妮日记》。”

“随着一个人慢慢长大，你拥有的知识越多，理解越多，你就越能够与一个美好的，但同时也是复杂而困难的世界相处。”他说，“你必须知道人可以多么邪恶，也必须知道为了生存，人可以多么强大。”

所以，除了战争之外，他的笔下还有暴力、环境污染，甚至大屠杀……但从另一个角度来看，他也在谈人与人之间的温柔、善意与绝望中绽放出希望之光。

---

① 西格夫里·萨松：英国近代著名反战诗人及小说家，其作品多是描绘战争中的空虚和恐惧，代表作《于我，过去，现在以及未来》，其中“心有猛虎，细嗅蔷薇”成为经典。——编者注

在他最新出版的 6 本中文版小说里，《归乡》是讲一片美丽的湿地被核电厂占领的故事。

《遇见大鲸鱼》讲一只大鲸鱼给小麦克带来的信息——人类必须尽快弥补他们对地球造成的伤害，否则一切就晚了。

《莫扎特问题之谜》讲的是纳粹集中营里为囚犯演奏莫扎特的音乐家。

《第 94 只风筝》则是关于一堵高墙的故事。一个巴勒斯坦男孩每天在墙的一侧沉默地做风筝，一次次将风筝放飞到高墙对面戴蓝色头巾的以色列女孩身边。莫波格查阅了大量中东地区对峙双方的人民和儿童的生活，以及有关以色列人在约旦河西岸和加沙地带筑起一堵高墙的纪录片之后，写下了这个故事。

几年前，哈佛大学教授玛利亚·塔塔尔（Maria Tatar）曾经写过一篇很著名的文章《梦幻岛再无冒险》。在这篇文章里，她哀悼一种儿童文学传统的失落——当今的儿童文学作家已经没几个像路易斯·卡罗尔（《爱丽丝漫游奇境》作者）那样，愿意和院长的小女儿们一起泛舟泰晤士河，悠闲地度过一个夏日的午后。也没几个有詹姆斯·巴利（《彼得·潘》作者）那样的习惯，在公园里为小孩子们讲讲故事或是和一只圣伯纳犬合作表演戏法。现代儿童作家的灵感大多不是从孩子世界中来，比如J. K. 罗琳说过，摄魂怪的灵感来源于她自己抑郁症的经历，而《饥饿游戏》的作者苏珊·柯林斯则表示自己的灵感来自儿时对于父亲丧生越南战场的担忧。

从某种角度来说，莫波格是少数仍然活在这个传统之内的作家。作为英国最负盛名的童书作家之一，40 多年的写作生涯里，他用一半时间来写作，另一半时间则与妻子共同经营德文郡一处专门为孩子建成的农场（如今已经扩展到3处）。

莫波格曾经说过，母亲的床前故事让他爱上了诗歌，但在学校里，他学会了痛恨阅读和书写。他相信，在测验文化里长大的一代人，必然在心灵的某些方面受到了严重的伤害。所以，他们每年都会邀请城市里的孩子们到这些农场来体验乡村生活。孩子们要在这里待上一个星期，跟他们夫妻俩一起在农场里干活，清理棚屋、喂养动物、挤牛奶，无论天气多么寒冷，都得干上五六个小时。

多年后，当年的一个孩子长大，这样回忆在农场的日子：

“我们一大早就要爬起来，早餐前先给动物们喂吃的。得给马儿不断地喂食、梳洗，猪总是到处捣乱……没事挥舞干草叉子玩是一件很危险的事情——作为惩罚，你得去清洗牛圈，那是一个噩梦一样的工作，你越是清理，那些牛拉屎拉得越多。

“有一天早上，太阳还没出来，我们就被克莱尔叫起来，去看一只母羊生小羊崽，我们围成一个圈，心中充满了敬畏。晚上是在一个画室的炉火前度过的，麦克会给我们读他新写的故事，那时他正在写《战马》。我猜我们没几个人听进去了这个故事，但这能怪我们吗？我们实在是精疲力尽了。”

过去40年来，一共有10万个孩子陆续来到这里，他们不仅从动物和大自然中学习包容与宽恕，也从莫波格的故事里重新找回文字与故事的魔力。

与此同时，莫波格的故事也在这个农场里一个个渐渐孵化成形。比如30多年前的一天傍晚，他看到一个男孩在马厩里与一匹马头挨着头讲话。那个男孩有严重口吃，已经有两年没有开口说过话，但此时他却在流利地跟一匹马说话。这个场景一下子点燃了他的大脑，他想象着自己农场里长大的一匹马，在战争期间被卖到军队，从此在战火中颠沛流离，从英国军队到德国军队，从军官坐骑到拉重火炮的牲口，而另一边，一个深深爱着它的男孩也参了军，发誓要找到它，带它回家……

那些又好玩又忧伤的友谊变奏曲

“我喜欢我的故事好玩，又有一点忧伤。我不喜欢那种大笑，我的幽默感藏在故事里面，不那么明显，你得自己去找。”——伊娃·林德斯特伦

《我们喜欢藏起来》

伊娃·林德斯特伦（Eva Lindstrom），瑞典最著名的绘本作家之一，1952 年出生于瑞典韦斯特罗斯。毕业于斯德哥尔摩工艺设计大学。作为一位杰出的插画家，她一开始为别人的作品画插画，直到 1988 年出版了第一部自写自画的作品《猫的帽子》。她的故事离奇、幽默、带一点忧伤的调子，有时候表达孩子的创造性、能量以及生命中无条件的喜悦，但有时候又触发一种非常成人式的孤独、困惑以及完全的无所适从。

“有些东西，不知怎么就丢失了。这好像是我的故事里最经常出现的一个主题。”伊娃·林德斯特伦说。她穿着一件灰格子衬衣，个子高大，头发灰白，还有一双锐利的蓝眼睛，如果不是黑框眼镜遮挡，她长得像极了《奥利芙·基特里奇》[①]里那个硬派的女主人公。

“每个人一生都会不断丢失一些很重要的东西。”她一边说，一边从书堆中挑出一本《我们喜欢藏起来》。这本书讲两个小姑娘喜欢躲在桌子下面，观察失踪的东西是怎么失踪的：帽子、芥末、咖啡杯……

然后，她们发现，更糟的事情还在发生，那就是人也会失踪。“你们可能一人划着一只独木舟，正在河里划着，河流就分岔了，成了两条河。大家谁也看不到谁了，因为每个人都顺着自己的河流往下划，没人知道你在哪儿，就连你也不知道自己在哪儿。”

《我逃跑了》是一只羊走失了；《还我帽子》是一群小孩的帽子

① 《奥利芙·基特里奇》：根据美国当代作家伊丽莎白·斯特劳特（Elizabeth Strout）的同名小说改编的电视剧，该小说获2009年普利策小说奖。剧中女主人公脾气暴躁、性格硬朗。——编者注

被魔法师变没了；《猴子与我》是担心友谊的失去……

我们正在快速翻阅她那些关于“失去”的书。突然间，帕瓦罗蒂激昂的音乐响了起来，像潮水一样涌向我们俩多少有点精疲力尽的神经。我们面面相觑，意识到这个情形颇为荒诞，因为她正在给我讲她最荒诞的一个作品——《奥利与妈妈一起去旅行》。

这是她最著名的作品，一个关于走失的故事——奥利和妈妈一起去旅行，他们带上了地图和望远镜，开着车，却完全失去了方向。他们停下来喝了咖啡，却忘了带钱包，只好留下来洗了一天碗。

简洁的语言，冷冷的幽默，灰蓝的主色调，一层淡淡的水粉细细地流过美丽而荒凉的画面，像一个梦。

在他们最迷糊的时候，图像仿佛完全溶解了。树叶、花和种子荚从各个方向跨越画面，无法分辨哪里是上，哪里是下。人完全不见了，只有森林在回应他们的对话。

“我们在哪里？”

“也许在这里。”

在瑞典，这个故事经过了无数次的解读：一个旅行与想象的故事？一个心灵迷失的故事？一个回家的故事？这一对母子，既不知道自己在哪里，也不知道要去哪儿，以及为什么要旅行，也没有什么事情发生，一切看似毫无逻辑，但又仿佛有某种自身的逻辑。其中的荒诞感，有一点儿《等待戈多》的况味。

一个很自然的问题就是，这样的故事，孩子能看得懂吗？

“在我看来，我的故事如果要按我想要的方式进行下去，我的目标读者只能是我自己。一旦我开始思考别人——无论孩子，还是大人——可能想读我的书，我想说的东西恐怕都会被冲淡。”

她的故事经常是从一个孤独的人或动物的喃喃独白开始的。比如在《我逃跑了》里，一只羊说：“在田野间，我无事可做。我很无聊，也没人关注我，于是我逃开了。”然后，这只羊遇到了一只貂，和貂一起生活，貂忙忙碌碌地张罗着生活，而羊整天躺在吊床上，喝着咖啡，警觉着，思考着，孤独着……后来，羊给原来的牧场写了一张明信片，开始了她的等待。过了几天，牧场的熟人都来了，邀请她返回家园，可是她犹豫了，因为做一个逃跑者挺好，她继续思考着。

羊到底在逃避什么？她最后回去原来的牧场了吗？还是继续与貂一起生活？身为作者，她似乎根本不关心这个问题。她说自己喜欢给读者留一点儿开放的，不怎么明确的空间，让他们觉得有一点儿困惑，好像故事还没结束，他们还可以把故事继续进行下去，或者接受这就是一个以问题结束的故事。

但是，这个故事不知为何非常打动我，这只羊的人生（或者说羊生？）弥漫着某种巨大的忧伤和无奈，但似乎又有一股懒洋洋的暖意从那些古灵精怪的细节中渗透出来：貂顶在脑袋上可笑的帽子，羊的细胳膊上戴着的手表，貂的帽子上挂满了五颜六色的晾衣架，羊在吊床和躺椅上喝掉了一杯又一杯咖啡……

“我喜欢我的故事好玩，又有一点儿忧伤。我不喜欢那种大笑，我的幽默感藏在故事里面，不那么明显，你得自己去找。”她说。

伊娃女士无疑有着一种古怪的幽默感，画风也够独特，看过一次，很快就能辨认出她的作品来。画面宁静冲淡，看似波澜不惊，内里却包含着丰富的层次和细节，光线运用得非常美妙，色彩明朗而素雅，饱含着情绪的变化。

她喜欢以水彩、水粉和石墨作画。水粉画的一个好处是便于帮助她弥补错误，因为很容易在不满意甚至画错的地方画上其他东西，从而得到一些非常意外的惊喜，图像甚至故事可能由此转向一个新的方向，就好像它有自己的意志一样。比如，“如果不是画了一只很糟糕的兔子，画中一些树木和树桩可能就不会存在”。

她的故事里的友谊也常常是这样，毫无预兆地发生，事后想想又仿佛命中注定。就像《我们是朋友》里，莉莉在森林里遇到了野兔和蛇。他们成了好朋友，“野兔龇牙笑着，蛇笑得直打嗝”。整个夏天，他们一起玩游戏，有的好玩，有的无聊（有一天，他们玩一个点名游戏，坐在树凳上等着有人叫自己的名字，但到最后也没有人来叫他们的名字，于是他们空坐了一下午，游戏自动结束了）；他们互相邀请到家中做客，尝试对方的厨艺，有的好吃，有的恶心；他们四处游荡，开派对。然后冬天来了，蛇冬眠去了。莉莉和野兔留了下来，但森林不再像以前那么好玩了。一种失落的忧伤再次笼罩。

为什么总是在画孤独呢？

“人生而孤独，这不仅是我的个人体验，也是人生的基本事实。”她说，“任何事情都无法改变这个事实，但这并不代表我们不可以享受美好的事物，比如森林里长长的漫步、捡蘑菇，朋友做的一顿饭……我觉得友谊是世间最美好的东西。”

从这种角度来看，她笔下的故事似乎又都是某种形式的友谊变奏曲。

《猴子与我》是关于友谊中的嫉妒与焦虑。一个孤独的老妇人和猴子是好朋友。可是，猴子不见了。也许它是藏起来了。一开始，老妇人通过找它来消磨时间，但很快就陷入了各种猜想，也许猴子乘着火车到了一个新的地方，也许认识了新的朋友？随着她的焦虑和嫉妒越来越深，色彩也变得越来越浓。最后，我们才发现，猴子只是在玩捉迷藏。最后一页是她和猴子在一起亲密的背影——伊娃女士说她喜欢将人和动物混杂在故事里，这样不仅画起来更有趣，而且可以把故事带到日常世界之外。

《伦德与狗狗》是关于友谊中甜美、温柔、充满想象力的一面。故事开场的时候，伦德在厨房里正忙碌着，库伦则跷着二郎腿赏月，它说它很喜欢月亮。伦德问："你真的喜欢吗？"库伦没有确认，而代之以洒落的狗粮、骨头和略显肥硕的背影。在库伦悠然地看电视的时候，伦德造了一枚宇宙火箭。火箭腾空飞起。没有伦德的日子，狗狗的生活有点儿脏乱，不过它觉得它真的很喜欢月亮。后来，伦德回来了，并把月亮放在餐桌上，然而库伦并没有格外兴高采烈，它居然以为那是一个球。尽管它玩得有些高兴，但也只是一个"极其平常又单调乏味的月亮"。故事在伦德和狗狗的对话中戛然而止："我真的好喜欢太阳！""你真的喜欢吗？"

《我的朋友拉齐》同样是一个女孩讲述她和一只叫拉齐的猫头鹰之间的友情。拉奇是她很早以前认识的一只猫头鹰，他从森林搬到了大城市，先是在一个电视台的自然历史节目里演猫头鹰，后来沦落到在建筑工地钻洞。现在他又被解雇了，“不用挖洞了，对他是件好事”。这个故事大概是在讲友谊中的界限，因为女孩和猫头鹰之间的友谊始终若有若无，并没有继续发展下去，猫头鹰教女孩学飞行，只够她刚刚能飞起来，但对她来说已经够了——因为他教会了她如何自己学习飞行。

关于人生，
我所知道的一切都来自童书

“他们如此不同，一个是女孩，一个是猫头鹰，一个住在房子里，一个住在树上。”伊娃女士说，“但我觉得最好的友谊就是让一个人自由地做他自己，接受每个人都是不一样的。”

但是，友谊也会逝去，就像《我们是朋友》里，蛇去冬眠了，森林一如往日，仿佛一切又都不一样了。你只能学会接受。世界上最难的事情似乎也不过如此。

亲爱的大人，有点幽默感好不好？

“聪明的文字和漂亮的绘图未必造就最好的书。真正造就好书的往往是一个聪明的想法。——托尼·罗斯

《长袜子皮皮》

托尼·罗斯（Tony Ross），英国著名的插画家和作家，曾获凯特·格林纳威奖提名奖、英国聪明豆图书奖银奖、德国儿童图书奖，还三度荣获“最佳绘者银画笔奖”。他的梦想是成为一名骑士，但他从事的工作却一直与艺术有关。他的画作活泼俏皮，线条具有强烈的情感张力。

托尼·罗斯喜欢画熊孩子，那些淘气的、粗鲁的、爱发脾气、爱捣乱的男孩和女孩是他永远的主角。

他曾经为林格伦的《长袜子皮皮》画过插画。林格伦笔下那个衣冠不整、不爱上学、叛逆无礼、信口开河又力大无穷的皮皮实在太合他的胃口。“从我出生那天开始就希望能掌控自己的人生，但一直没有实现过，而皮皮是完全自由的。我多羡慕她！”

他为珍妮·威利斯的《X博士》画过插画。

他为罗尔德·达尔的《了不起的狐狸爸爸》画过插画。

多年来，他一直是英国女作家弗朗西斯卡·西蒙（Francesca Simon）著名的童书系列《可怕的亨利》的御用插画家。亨利淘气，以自我为中心，走到哪里都惹出一堆麻烦。但他并不邪恶，他说的话、做的事，每个孩子都曾经在心里暗自说过、做过。

罗斯先生自写自画的最畅销的作品《小公主》系列，主角同样是关于一个调皮的小女孩，取材于他自己三个女儿的童年趣事。

“聪明的文字和漂亮的绘图未必造就最好的书。真正造就好书的往往是一个聪明的想法。”他说。比如在他的《小公主》系列里，有一个故事是这样的：怕鬼的小公主看到一个怕小女孩的小鬼，小鬼跑到鬼妈妈那里，鬼妈妈温柔地安慰他：“世上没有小女孩这回事啦……”

他的作品中也有这样况味复杂的幽默感——比如《小蝌蚪的诺言》（这是罗斯先生自己的最爱）。

有一天，蝌蚪和毛毛虫一见钟情。毛毛虫是蝌蚪心里唯一的小彩虹，而蝌蚪是毛毛虫心里最珍贵的黑珍珠。他们相互承诺，永不改变。

有一天，蝌蚪破坏了自己的承诺，长出了后脚，毛毛虫非常生气，但是蝌蚪苦苦哀求毛毛虫原谅，并承诺永远不再改变。

可是，蝌蚪又再次破坏了承诺，长出了前脚，更糟的是，连尾巴都不见了。毛毛虫生气极了，决定离去，不再理会变成青蛙的蝌蚪。

过了一段时间，变成蝴蝶的毛毛虫决定原谅蝌蚪，她展开美丽的翅膀，到处找寻。

当她来到一只坐在荷叶上的青蛙旁时，正开口准备向青蛙询问有关蝌蚪的事时，怎知青蛙一张口，就把蝴蝶吞下肚了。

变成青蛙的黑珍珠一直在荷叶上等着，等着他最爱的小彩虹。

好一个黑色幽默的故事，相爱相杀的甜蜜与伤害、承诺与背叛，却在如此活泼、明净、无辜的基调中展开。这很符合他对爱情的感受，“极致的幸福，但总有一个讨厌的声音在耳边唠叨，可怕的事情就要发生了”。

“最好的幽默，往往从一个简单而聪明的想法开始的。”罗斯先生说，“这是你能想象到的最简单最明显的故事。这个故事已经存在了几千几万年了，为什么从来没有人想到呢？”

《我要来抓你啦！》同样是一个认知倒置的搞笑故事。一只贪婪的星际怪物走到哪里吃到哪里，一个小星球，他当苹果一样三口两口就啃光了，然后他在雷达上发现了地球上的小汤米。“我要来抓你啦！”怪物大叫着，驾着飞船来到了汤米的家，结果在汤米面前，他只是一个很小很小的怪兽。

《爱胡闹的露比》

《不愿待在水下的鲍里斯》

《淘气包奈吉尔》

《珍妮与麻烦制造者》是他自己认为最好的一本——世界上的麻烦都是一个古板而温柔的魔术师制造出来的。当他发现珍妮为自己的麻烦而哭泣时，决定让她看看别人的麻烦是什么样子的。“这是一个非常聪明的想法——每个人都有一点儿小麻烦。但如果有的选择，我们最终选的，仍然是自己的麻烦。”

孩子能承受这样的幽默吗？青蛙在荷叶上傻傻等候的样子，孩子会觉得悲伤，还是好笑？那个怕小女孩的小鬼最终会吓坏小女孩吗？可怕的亨利会把小读者们都带坏吗？

“孩子比大人有幽默感多了。”罗斯先生说，反倒是大人们常常觉得他的书很头疼。有一次他在法国参加一个研讨会，一位法国女士走过来对他说：“罗斯先生，你的书太可怕了，我必须再买一本。”

世间最幸福的童年莫过于此

“小家伙们一个个脑袋大身子小，短手短脚，挺着个小肚子，他们的笑声、笑脸、衣服的颜色、食物的味道、挤在一起亲亲热热的样子，会让你突然觉得在他们的世界里，一切都是暖的，相比之下，大人的世界则是冷的。”

《吵闹村的孩子》

当相原博之先生说，他最喜爱的书是林格伦的《吵闹村的孩子》时，我顿时明白了自己与《小熊学校》的许多心意相通之处。

《吵闹村的孩子》并不是林格伦最重要的作品，但她关于童年的理想差不多都在这里了：小阁楼、大树、河流、野草莓地，有兄妹、邻居、小动物陪伴成长，清晨的咖啡、烤面包的香味、没完没了的节日，以及无穷无尽的幻想与游戏，当然，还有家人无条件的爱。我至今记得《吵闹村的复活节》里，孩子们在彩蛋上写诗——“阿尔贝特娜是只好母鸡”。

都说瑞典人和日本人很像，同样的礼貌，同样的淡漠，常常拒人于千里之外，但偏偏是瑞典作家林格伦创造了世界上最自由、最热情和桀骜不驯的小女孩“长袜子皮皮”——她的衣冠不整，她的不爱上学，她的叛逆无礼，她的信口开河，她把马养在家里……这都是瑞典人的反面。

同样，相原博之与足立奈实创造的小熊杰琪多多少少也是反日本的——她的争强好胜、调皮捣蛋、刁蛮任性，都一反日本女孩温顺安静的形象。但是，这样一个浑然天真的小女孩能给世间带来多少欢乐与安慰？

杰琪的原型是作者相原博之的女儿夏奈。夏奈两岁多的时候，相原经常去托儿所接她，同时观察托儿所里孩子们的生活：

“小家伙们一个个脑袋大身子小，短手短脚，挺着个小肚子，他们的笑声、笑脸、衣服的颜色、食物的味道、挤在一起亲亲热热的样子，会让人突然觉得在他们的世界里，一切都是暖的，相比之下，大人的世界则是冷的。”

他说自己在女儿出生之前，从未想过要孩子。跟大部分日本成年男人一样，每天工作到很晚，然后到小酒馆喝酒喝到半夜回家。

“我们的心不容易被触动。”他说。

我一直觉得，将日常生活过成诗，是日本人的天赋。《小熊学校》里哭哭笑笑，吵吵闹闹，日子一个个晃晃悠悠地过去，有时候平淡无奇，有时候又好像很奇幻，不是《哈利·波特》那种上天入地的魔幻，而是一个小孩子日常生活中小小的、随处可见的幸福——只要你愿意睁开眼睛去观察，那种幸福里仿佛天然藏着魔法的火花。

比如大家围坐在一起吃东西；

穿漂亮的衣服；

干活，打扫卫生、做糕点、种西红柿、洗衣服……

Cleanup Time

各种无所事事与漫无目的地玩耍；

杰琪甚至与北极的小白熊谈起了恋爱；

还有月球、女巫、海盗、马戏团、公主，以及各种奇妙的幻想；

当然，偶尔也学习……

然后，一天结束，12 只小熊亲亲热热地挤在一张大床上睡觉。

《小熊学校》的色彩极美。插画家足立奈实说自己的童年在乡下度过，对四季的变幻特别敏感。每次回想起来，春天的颜色、秋天的气味，都带着身体最直接最原始的感受。冬天的天空很暗很冷，“像要被吸进去一样的漆黑，但星星却无比明朗灿烂，每一个星座都可以看得清清楚楚”。

她就是带着这些记忆画画的。在《杰琪的圣诞节》中，杰琪奇遇“圣诞老人”，这位老爷爷感伤于孙女的死去，杰琪和哥哥们陪他度过一个不寻常的圣诞节。故事的最后，是一老一小对着漫天星河的背影。

“世界上有一些颜色，你见到过与没见到过是完全不同的。就像我在童年时代见过的那种春天的新绿，树叶闪闪发光的绿色，还有新长出来的稻穗的黄绿色，只有真正见到了，才能真正体会那种绿有多美。”

《小熊与知心朋友》是她最心爱的一本，这个故事应该就发生在春天，有着春天里最一言难尽的绿色。

“小孩子的生活没那么理想，这个当然明白，小熊学校里没有流鼻涕，没有换尿片，”相原先生说，“哥哥们保护妹妹，但也经常是笨笨的感觉，就像我的心情，很想时时保护她，但很多时候也保护不了。就像有一次杰琪去北极找小男友玩，几个哥哥去找她的大船翻了，还反过来要杰琪去救他们。但哥哥们如果真的像超人一样，大概也不太有魅力了……”

对他个人而言，《小熊的梦想》是一个最特殊的故事。

有一天，哥哥们在吃早餐的时候问杰琪长了以后想做什么。

在种种天马行空的想象之后，

我要跑得快快的、快快的，比哥哥们都快，开运动会的时候，我准得第一名。

我要开一家点心店，店里摆满了好吃的点心。肚子饿了，想吃什么吃什么。

只要一施魔法，想变什么就变什么，像这样……

要做大卫的新娘，和他幸福地生活在一起。

杰琪反问哥哥们的梦想，他们却说："就像现在这样，大家快乐地生活在一起，该有多好啊。"

这个故事写于 2011 年 3 月的日本东海岸大地震之后，面对命运之无常，尤感日常生活的美好与珍贵。

"这个故事我投入了很深的感情。大人跟小孩谈幸福，小孩未必真正能体会，杰琪最后对于哥哥们的梦想也是似懂非懂，但这种似懂非懂之间，恰恰是作品的完成度。"

谁是那个教你如何看世界的人？

一个下雨天，一个小男孩跟着祖母坐上一辆巴士，他们要踏上一段奇妙的旅程，不过目的地不是什么遥远的奇妙国度，而真的是终点站——市场街。

满心不情愿的小男孩，在祖母温柔和充满想象力的指引下，开始“看”到日常生活中隐藏的风景：一棵大树正在用吸管喝水，一辆会喷火的老巴士，会变魔术的司机，每一个上车的乘客背后都隐隐有一个动人的故事——一位全身覆盖了文身的光头男人，一个抱着一罐子蝴蝶的老婆婆，一个彬彬有礼的盲人和他的斑点狗，一个抱着吉他的歌手……

小男孩羡慕着别人的耳机，奶奶却告诉他，你的对面就坐着一位演奏家啊。吉他手轻轻拨弄琴弦，将故事推向小小的高潮——在黑暗中，乘着音乐的翅膀，小杰仿佛离开了巴士，离开了繁忙的城市，他看到落日的余晖，随着海浪翻滚，还看到一群老鹰，在天空中飞翔。还有老婆婆的蝴蝶，在月光下自由飞舞……

原来人与人之间哪怕再短暂的相遇，也可以如此温柔、善意，宛如奇迹。在我们这个“不要与陌生人说话”的国度，不知道这样的故事能不能起到一点点解毒剂的作用？

还有，在广告铺天盖地的消费社会里，孩子们一个个无师自通，学会了如何索取更多：“我想要，我想要，我想要……”而这位老祖母提醒你：“你已经有了，你已经有了，你已经有了……”

当他们终于到达终点站——给那些穷人和无家可归者开设的爱心厨房时，小男孩的郁闷已经一扫而空，他终于明白，有时候，身处脏乱的环境才更容易发现美，而真正的快乐，在于给予，而非索取。

作者马特·德拉培尼亚（Matt De le Peña）在美国与墨西哥边界的工人社区长大，“小时候，我看到爸爸每天早上 5 点起床，我妈妈想尽各种办法维持生计，我们所拥有的从来不多，但我们尽其所能，认真生活。我想我所写的一切，多多少少都是为了展现这些人的尊严与优雅”。

“有时候，如何看世界，是得有人教的。”他说。

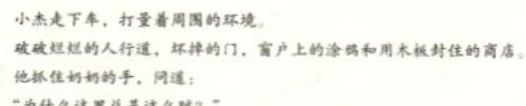
小杰走下车，打量着周围的环境。
破破烂烂的人行道，坏掉的门，窗户上的涂鸦和用木板封住的商店。
他抓住奶奶的手，问道：
“为什么这里总是这么脏？”

奶奶笑了笑，指着天空，说：
“小杰，有时候，当你身处尘土之中，
反而更能体会什么是美好。”

我想起我的外婆。她不像故事里的奶奶那么强势，那么善于言辞，充满童心与想象力。外婆是一个沉默寡言的人，我们也不曾一起坐过巴士，她甚至从未有意要教我些什么，因为她一个字也不认识，也从未觉得自己有什么可以教别人的。

更多的时候，我们只是漫步在那个她生活了一辈子的小乡村的田间地头，但世间万物的面貌，因为她的存在，在我的眼中一点点悄然发生变化。

我对于世间最初的美的体验，来自她亲手种下的那些绿莹莹的橘子树、金黄耀眼的油菜花和青青的小葱苗里；我对于温柔的最初感悟，来自她对于路边一只流浪狗的轻轻抚摸；外公去世前亲手做的小圆桌在她的厨房里保留了半个多世纪，那是“深情”在我的人生中最初的意象；而我对于爱的最初的体悟里，有她的一碗满满当当的素面汤，上面铺满切得细细的金黄的蛋丝。

温柔本是一件简单的事情
——致世间一切不可思议的相遇

一弯月亮静静地挂在天边，一个小人儿划着小船慢慢地、轻轻地靠近，
突然，他大声地喊：“月亮，你好吗？”
这一句问候，是法国童书作家安德烈·德昂新人生的开始。

《月亮，你好吗》

安德烈·德昂（Andre Dahan），1935年出生于阿尔及利亚，后来到巴黎留学，从国立巴黎工艺大学毕业后，在巴黎装饰美术学校教书。52岁创作第一部儿童绘本《月亮，你好吗》，此后陆续推出20多部作品。目前他与妻子住在法国科西嘉岛的一座靠海的房子里。

“那一年我52岁，刚刚离了婚。有一天夜里，我正在漫无目的地散步。我家离海很近，但因为是夜里，不知道海是否就在身边。我很悲伤，心里有很多的压抑和痛苦。不明白人生何以走到今天这样的地步。这时候，一轮月亮毫无预警地从山后冒了出来，很大很大，大到不可思议，混杂着浓烈的橘色和红色。它那么大，那么近，那么耀眼，我觉得自己伸出双手就能把它抱在怀里，带回我那个小房子里。那一瞬间，我突然觉得自己不孤单了。”

那种绝处逢生的情感在心里酝酿了五年之后，最终被他画成了一本《月亮，你好吗》。此后，这轮月亮时圆时缺，不断地出现在他的作品里。

《我们仨》

《我们航海去》

《亲爱的小月亮》

《求救 · HELICO》

《彩虹羊》

《亲爱的小鱼》

真不敢相信我们这么幸运！

“月亮是否代表着什么？”我问。

“也许，”他说，“月亮代表一个‘不可能的世界’。”

月亮和太阳一起吃早餐？一只猫温柔地爱护着一只小鱼？不会太违反自然规律了吗？我的职业病发作，忍不住质疑。

“看来，你是个现实主义者。”老画家抬了抬眼镜，摸了摸下巴，若有所思地看着我。

难道你一点儿都不觉得累吗?

我就知道你喜欢坐在那儿。

“这个故事的重点不是月亮和太阳在一个房间，而是当小男孩抱着月亮进屋子的时候，月亮的鼻子太高了，他尝试了好几个法子才能把它抱进去。他一边翻着书，向我解释他是如何故意把那个鼻子画得刁钻古怪，一边被自己逗得哈哈大笑。

很显然，他已经跌入自己创造的那个“不可能的世界”里。

在这个不可能的世界里，他创造了一连串不可思议的相遇：

一个夏天的夜晚，一个小小天文学家遥望天空，发现一颗会跳舞的星星。为了感谢她美丽的舞姿，他给她送去了一束花儿。这颗星星以前从未见过花，感动之余决定到人间来见一见这位天文学家。

小飞行员Helico追逐一片叶子而来，救下了一只坠落鸟巢的小鸟。他喂养它，抚慰它，给它讲故事，教它飞行。有一天，小鸟在一群弗拉明戈鸟面前表演飞行绝技。

《亲爱的小鱼》源于他为法国一家杂志社画的一副插图，一轮圆月下明净澄蓝的大海，一圈圈温柔的涟漪之中，一只蓝色的猫咪趴在水面上，低头亲吻一条肥硕的大鱼。

他们如此不同，不同到可以吃掉对方，或者被对方吃掉。但既然是在一个不可能的世界里，谁规定了两个完全不同的生命不可以友爱地相处，彼此认可？

在这位老画家的世界里，就是有一只小猫和一条小鱼曾经那么相爱。

这还不是最疯狂的。他还画过一本书，让月亮爱上了太阳，还怀孕生了孩子。

为了躲避像我这种现实主义者的质疑，他喜欢把自己隐藏在那些奇奇怪怪的小动物身后。

在《动物园的新闻》里，一个男孩带着自己的小猴子一起逛动物园。小猴子给每个动物买了一个面具，让他们戴着面具堂而皇之地走出了动物园。在人类的社会里，大象做起了园艺师，仙鹤送快递，鳄鱼在面包房里切面包……

在《卢森堡公园的一天》里，他一个人化身三只小猪，在喷泉里摸鱼，在山坡上打滚，爬到高高的天使圣米歇尔的雕像上，抓着气球飞越皇宫，骑着小马满大街乱跑，追鸽子，荡秋千，吃棉花糖，在落叶里滚了又滚，翻了又翻，大叫大笑，直到笑出眼泪。

卢森堡公园是法国的皇家园林，无数诗人曾经为它写诗作赋，你在空气里都能闻到诗的味道。

但是，比起卢森堡公园春天的诗意，他更爱秋天时阿尔及尔街道两旁橘子树的芬芳。

阿尔及尔是阿尔及利亚的首都。他在那里出生，在那里度过整个童年。那是一座港口城市，环海而建，雄伟的丘陵对着蔚蓝的地中海，他发誓自己曾经在那里看到过一只鲸鱼，安详地，淡然地从他眼前游了过去。

童年的回忆让老人家有点伤感。他想起每天上学路上都会经过的一座花园，花园里美丽的花朵、池塘、喷泉，还有一只叫可可的鹦鹉，每天见面都会大叫“给可可吃坚果”。

他想起贝蕾兹（Bereze）女士，他美丽的幼儿园老师。他曾经那么喜欢她，喜欢到“想把她吃到肚子里”。但6岁那年，“二战”开始了，他因为是犹太人被勒令退学，从此再没有见过贝蕾兹女士。

18岁那年他考上国立巴黎工艺大学，却赶上另外一场战争的爆发（阿尔及利亚战争），于是从梦想成真的狂喜瞬间坠入战争的噩梦。他在血肉横飞的战场上度过了28个月，那是他一生经历过的最恐怖的噩梦。

就在 2015 年，他的两个好朋友在《查理周刊》恐怖袭击中被杀。

“我不明白为什么，”他摘下眼镜，黯然许久，“他们只是幽默而已。”

他喜欢给他的每一个故事都安排一个幸福的结尾，不是因为他不懂人间的伤痛，而是因为经历过了伤痛与真相之后，他仍然想告诉孩子们，“温柔本是一件简单的事情”。

世界上最好的爸爸

《大西洋月刊》(*The Atlantic Monthly*)上有一篇文章叫《为什么那些卡通妈妈都死了》，谈到近年来好莱坞动画电影的弑母倾向——尼莫的妈妈被梭鱼吃掉了，熊兄弟里的熊妈妈被标枪刺死，功夫熊猫的妈妈被一只权力欲膨胀的孔雀杀了，小美人鱼的妈妈被海盗船撞死，冰河世纪里人类小娃娃的妈妈被剑虎追至瀑布掉入悬崖而死……

以前，这种情节的设置是引出“邪恶的后母”，现在的代替者则是“有趣的好父亲”。他可能一开始有点过于挑剔（《小鸡快跑》）或者不情不愿（《冰河世纪》），他也许是个暴君（《小美人鱼》）或无恶不作的恶棍（《卑鄙的我》），他可能物种错误（《功夫熊猫》），他甚至可能是杀死孩子母亲的凶手（《熊兄弟》。但无论一开始他有多坏，他最终都会变成一个好爸爸。

这篇文章的作者从女性主义的立场谴责好莱坞甚至美国男性社

会对母亲的恶意与嫉妒，但如果从现代社会对父亲角色期待的转变来看这个现象，是不是能得出更有趣的结论呢？当我拿这个问题问阿兰德·丹姆时，他抚掌大笑："不不，天哪，我们忘了妈妈！"

阿兰德是荷兰儿童作家，那时正在北京宣传他的《小熊和最好的爸爸》系列绘本。这是他在20年前与画家亚历克斯·沃尔夫合作的绘本，里面只有小熊和熊爸爸两个角色，小熊没有名字，不穿衣服，性别不明，每天跟着爸爸玩耍、淘气、抓鱼、野餐、做游戏……

为什么没有熊妈妈呢？

阿兰德正色说：“其实，我只是喜欢那种简单的关系。人物关系太复杂的时候，我应付起来比较困难。”

“如果可以，其实我宁可做我孩子的妈妈。”他半开玩笑半认真地说，“成为一个母亲的过程比成为一个父亲强烈多了，而父亲常常只是一个背景，好像他与自己的家庭之间就该隔着点儿距离，否则就不够男人。”

恐怕连他自己都没意识到，正是小熊父子之间那种单纯的关系，构成了这套书的魅力。熊爸爸的形象是伟岸的，也是温暖的，他陪小熊玩，教他本领，但并不说教，也不过度保护。比如，有一天，小熊和爸爸去抓鱼。爸爸本来打算教他怎么抓鱼，但小熊一看到河里有一条鱼游过来，立刻激动得一头扎进水里。于是，下一个画面就是小熊在水里挣扎，而爸爸就站在岸边观望。这时候，爸爸应该立即跳到河里救小熊，还是等一等呢？

熊爸爸在河岸边观望的那个身影，就是阿兰德对父亲的定义：他们鼓励孩子冒险的倾向，同时又提供坚实的保护。如果说母亲的职责是为孩子提供稳定和安全感，父亲则是以一种“建设性破坏”的方式，为孩子的生活注入不可预知性、不稳定性和挑战性——陪他们玩闹、探索、见识外面的世界。就像在《我长大了》里，熊爸爸让小熊见识刺猬、老鹰、独木桥和野牛，在冒险的过程中，让小熊懂得危险，也懂得躲避危险。

他告诉我，画家亚历克斯在画熊爸爸时，常常是站在镜子前面，一边看着自己的两个孩子玩耍，一边画自己的样子。也许，这是熊爸爸的身影特别动人的原因。

不过，阿兰德的中国之行显然让他有点受宠若惊。到处都有小朋友把他认出来。走到哪里，大家都用期待的眼神看着他，仿佛这个外国老头揣着一张关于如何做最好的爸爸的秘方。在读者见面会上，一个妈妈在提问的时候突然委屈地哭出来，说你看看我们孩子他爸，哄孩子睡觉也离不开他的手机。

见面会结束后，阿兰德私下里对我说，他终于明白为什么他的书在中国这么畅销了。“在荷兰，这只是一套关于熊的绘本，在这里，却是关于父亲。”

大部分中国父亲不知道该怎么做爸爸，而他的绘本中大量父子之间生活细节的描绘，比如搬家、做饭、做游戏等等，很可能为这些“对于如何陪伴孩子毫无头绪”的中国爸爸们提供了现成的教材，尤其是《做游戏》一册，每翻开一页就是一个小游戏，从吹羽毛、踩脚丫、骑大马、高举飞到推小车，可以供爸爸们和孩子边读边玩。

此前微信上有一篇文章很流行，大致意思是，大部分中国人不配做父母，因为他们根本不知道自己为什么要生孩子。

“你为什么要生孩子？”我问阿兰德。他一共有 5 个孩子，6 个孙子孙女。

“你出生，然后死了，你不好奇中间可以做些什么吗？我很好奇我的孩子会是什么样子，好奇我会成为什么样的父亲。”

“拥有孩子可能是一个男人一生中最脆弱的瞬间，一旦有了孩子，你就无法想象没有他的生活是什么样子的。他会在你身上开启一个新的情感空间，改变你看世界的方式。你对周围事物的感受会更深，你以前可能只感受过罗曼蒂克的爱，但这种强烈的想要保护一个人的感觉是全新的。你想做世界上最好的爸爸，但又觉得不可能有耐心应付他们时时刻刻的需求……”

至少，阿兰德的一生是被“为人父母”这件事情改变的。他的第一个孩子出生时，阿兰德看到医院里手足无措的爸爸们，突然冒出一个念头，写一本关于准爸爸如何应对孕期生活的书。他之前没有任何写作的经验，出版社却表示了巨大的兴趣和支持。于是，他在医院里采访了上百个准爸爸，了解他们对于即将到来的父亲角色的种种困惑与不解。“一个男人成为父亲，本来就不像一个女人成为母亲那样来得自然。一个女人从十二三岁开始就意识到自己身体的各种变化是为了将来生孩子做准备，但男人往往是被动成为一个父亲的，在有人给他怀里塞一个婴儿之前，他无法理解其中的意义。”

关于父亲的角色，他的理解非常简单——母亲代表了内在的世界，而父亲代表了外面的世界。他的父亲是个卡车司机，小时候，父亲开车的时候经常带上他，对他来说，父亲的方向盘就是世界。“我把他当成英雄。我想长大了也像他一样，开着卡车闯荡世界。”

但是，一个儿子总是会在某个人生阶段认识到父亲并不如自己想象的那么完美，并逐渐生出隔阂与疏离。他的父亲的忙碌与沉默寡言更加速了这个过程。从 12 岁到 17 岁之间，他觉得自己和父亲之间隔着一堵墙。17 岁那年，他要离家读书去了，临走前问父亲能不能再坐一次他的卡车，结果，父亲俩沿着欧洲开了三天三夜。在那趟长途旅行中，他问父亲：“我当你的儿子是不是让你失望了。”父亲摇摇头说：“不，你有你的人生。我做你的爸爸，是不是让你失望了呢？”

那是他人生中第二次重新“遇到”自己的父亲。

说完这些话，他沉默了好长一会儿，说，“我想，我唯一可以传授给中国父亲们的经验是，在你一生中，至少要有几次，向你的孩子清晰地表达你对他的爱。”

致世上所有小小完美主义者

完美主义，到底是一种美德，还是一种缺陷？

越来越多的研究显示，一个人最好的学习体验来自于参与某种形式的设计、创造、发明或自我表达，尤其当他所创造的东西对于自己或者身边的人有某种特殊意义时。所以，当我第一眼看到《最了不起的东西》（*The Most Magnificent Thing*）时，立刻就很喜欢。

有一天，一个小姑娘有了个好主意。在她的狗狗助理的帮助下，她打算做一个世界上“最了不起的东西”出来。她做好了计划，准备了材料，开始动工了。

但是，做出世界上最了不起的东西，原来比她想象的要难得多。她敲敲打打，修修补补，左量右量，但最后总是不对。她一次次重来，又一次次失败。终于，挫折化作怒气……就在她快放弃的关头，狗狗建议出去走走。当他们回来的时候，她在那些失败的作品中发现了一些新的东西，新的视角，终于完成了她最后的杰作，也许不完美，却的的确确是“最了不起的东西”。

这本书不是关于一个角色（小姑娘和她的狗狗连名字都没有），或者一个故事，而是一种体验——每一个孩子都曾经历过的，想将自己脑海中的一个想象变成现实。更难得的是，作者着墨更多的，不是关于创造的乐趣，而是其中的挫折感，以及失败的价值——除非你一次次从不同的角度重新尝试，重新思考，重新检查问题，否则无法获得成功。这样的题材在儿童绘本中是很罕见的。

我采访了绘本作者阿什利·斯派尔（Ashley Spires），她是一位可爱迷人的年轻女画家，和她的狗狗住在加拿大一个海边小镇。她说自己从小就喜欢做东西——“我总是和我的猫坐在一起，做一些小雕塑，小手工，刺绣，画画，拍一些小动画电影之类。但是，我也深知‘做得不好’的那种挫折感，那种无法随心所欲、达到完美的感觉让我备受折磨，直到今天仍是如此。为了把每一本书做好，我经常把自己弄得痛哭流涕、尖叫，恨不得把头发一根根拔出来。”

“我从不把我的素描本给别人看，因为那是我最自由的地方，我可以自由地犯错，而我最好的想象都来自那里。”

“正视自己的错误，并意识到它们的重要性，是我至今十分纠结的东西。这也是我画这个绘本的原因——提醒自己要对自己有耐心。”

当她跟小朋友在一起画画的时候，发现他们也是一样的。所以，在绘本的开篇，她在一个小小的角落写上：“致世上所有完美主义的小人儿们。”

斯坦福心理学家卡罗尔·德韦克（Carol Dweck）曾经将“完美主义”划分为两种。第一种将完美视为一个静态的、绝对的目标或结果，对这些人而言，“完美主义”意味着对“混乱的恐惧”，对“自己不够好”的焦虑，“部分的失败与完全的失败一样糟糕”。就像玛丽·波平斯[①]（Mary Poppins）阿姨，试图在任何一个层面上保持完美。这种“完美主义”非常伤元气，尤其是当你的“完美”还不够好，或者你没有足够的时间和资源做到最好。

第二种则将完美视为一个动态的、可变化的过程，这种“完美主义”在工作和生活的每一个层面都为自己设立最高的标准。就像阿什利·斯派尔女士说的，“完美主义”对她而言是一种驱动力，它让她每一次提起笔时都想做到更好。如果没有这种近乎绝望的驱动，她恐怕会一直重复同样的东西。

卡罗尔·德韦克是在她的僵固式和成长式二维心智模式的框架内讨论“完美主义”的。

作为心理学家，她一向痴迷关于成功与失败的研究。为什么有些人好像生来就是成功者，做什么事都很顺利都很成功，而另外一些人则一直很无助，好像这辈子注定是个失败者。

她在一个小孩子的拼图游戏实验中找到了关键性的启发。实验是这样的：她给一群 4 岁的小孩子们两个选择：重新做一组他们已经做过的简单拼图游戏，或者选择更难的一组拼图。

她惊讶地发现，这些孩子呈现了两类完全不同的行为模式——第一类孩子一次又一次选择自己已经会做的简单游戏，因为他们相信聪明的孩子不会犯错误，所以他们选择最安全的游戏，以确保自己的“聪明”；另外一类的孩子则在碰到更难的智力拼图时表现得更兴奋，因为那些难题不断挑战他们的智力，让他们学到新的知识和技能。

---

① 玛丽·波平斯：英国女作家特拉弗斯笔下的人物形象，是其作品《波平斯阿姨》系列中的主人公，表面上她是一位普通的家庭女教师，但她却拥有超人的绝技。——编者注

当卡罗尔·德韦克把这些孩子带到她在哥伦比亚大学的实验室，测量他们的脑电波，观察他们的大脑面对问题和反馈的反应时，事情变得更有趣了。她发现，第一类孩子只对他们当下能力的直接反馈感兴趣，而自动过滤掉那些能帮助他们学习和进步的反馈。当他们知道自己答错了某个问题时，甚至不想知道正确答案到底是什么。第二类孩子则恰恰相反，无论他们的回答对错，他们对于能帮助他们拓展现有知识与技能范围的信息最为关注，他们的首要关注点是学习，而不是成功或失败两分法。

卡罗尔·德韦克认为，第一类孩子的可悲之处在于，他们在才华与努力之间划上一条不可逾越的鸿沟。他们相信自己的性格、品性、智力、创造力是天生的，无法改变，而整个世界就是由一个个为了考察你的才华而设置的测试组成。如果你真的有才华，就不会犯错，也不需要努力，因为努力就像失败一样，意味着你不够聪明或者有才华。她将这样的心智模式称为“僵固式心智”。

第二类孩子的可贵之处则在于对学习的热情，而非对肯定和认可的饥渴。他们相信自己的性格、品性、智力、创造力都可以通过努力得到不断培养和提高。通过犯错，通过各种努力（实验证明，我们大脑前额一个叫“丘脑”的部分会在一系列与犯错相关的认知模拟后变大），他们以更有效更深入的方式投入了学习的过程。她将这样的心智模式称为“成长式心智”。

总结起来，这两种心智模式的核心差异就在于对待失败的态度。前者认为失败是愚蠢的证据，后者认为失败是成长的跳板。说起来好像一点儿都不新鲜，各种成功学的书上都会写，“失败是成功之母”。但德韦克的理论之所以不同，是因为它植根于关于心智（尤其是正在发育中的心智）如何运作的严谨研究。一旦你开始理解这两种心智的差异，你就会看到一件事情是如何导致另外一件事情——一种信仰系统如何将你导向一系列的想法和行为，另一种信仰系统又如何将你导向一个完全不同的方向。

《最了不起的东西》中只有小姑娘和她的小狗助理两个角色，因为阿什利·斯派尔认为，创造是一种很个人化的体验。但事实上，父母对于孩子心智模式的形成起到了极为关键的作用。

现在的父母都愿意以表扬和赞美（很多时候是违心的）激励孩子，以为这样可以给他们持久的自信，但德韦克认为，这样恰恰将孩子们推入了“僵固式心智”的陷阱。因为如果你告诉一个孩子他很聪明，这一认知就会变成他的弱点，因为他会觉得自己一旦搞砸了，就会被人发现自己原来并不聪明。“聪明”的孩子会特别害怕犯错，而犯错是学习和成功的关键。

这是否意味着孩子取得成绩时，我们不应该表扬呢？我们要克制对他们成功的赞赏吗？

并非如此。这只意味着我们应该避免某种赞扬方式——评判他们的智力或才能，但我们可以随心所欲地表扬他们成长与进步的过程——他们通过切身实践、认真学习、坚强、毅力和采取正确战略所取得的成就。

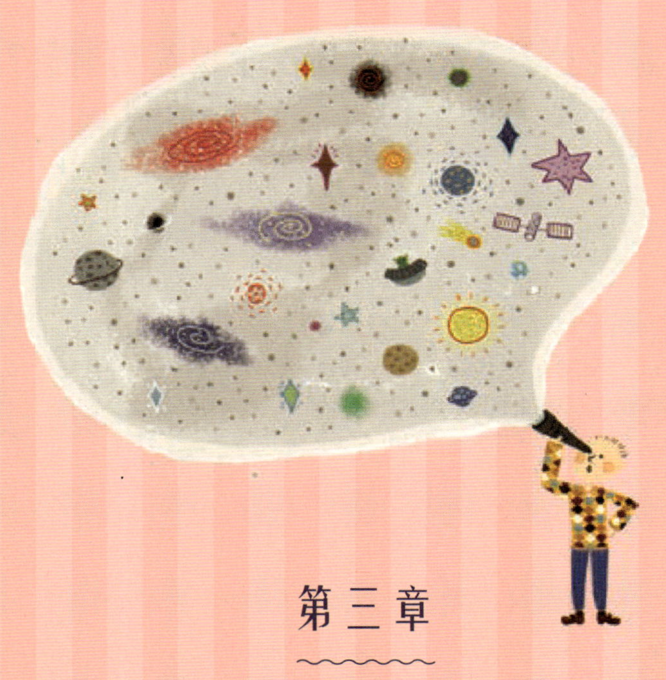

第三章

打开孩子的脑洞

都说漂亮的答案，谁来问一个漂亮的问题？——关于奶牛的屁、蝴蝶的舞姿、金鱼的记忆

问自己一个足够有趣的问题，并为它找到一个量身定制的解决方案，会将你推到一个孤独，但更有趣的地方。——查克·克劳斯（Chuck Close）

如果说，10 年记者生涯教会我什么东西，那就是提问作为一门技艺的重要性。它不仅是一种技术，还是一门艺术。我曾经抱着一本厚厚的法拉奇《风云人物采访记》，潜心钻研她的“海盗式”提问法。此外，沃尔特·克朗凯特、奥普拉、查理·罗斯、史蒂芬·科尔伯特也都曾经是我的研究对象。所以，这两本《孩子提问题，大师来回答》，我是当成“提问的艺术”来欣赏的。

这些孩子以最单纯的问题，来问各种理由、原因或可能性，并由此帮助自己理解、探索和发现周围的世界。有一些问题出于一个孩子对于自身最纯粹的好奇心，比如我们为什么会哭？梦是怎么产生的？

人从哪儿学会了数数？我的脑子那么小，如何能存下那么多的信息？人放屁为什么挺可笑的？

还有一些是对自然界的审慎观察，比如为什么所有的雪花都不同？冰有味道吗？为什么蝴蝶飞起来的样子好像是漫无目的的？我的金鱼认识我吗？还有更妙的——如果一头奶牛一整年不放屁，然后放一个大大的屁，它会飞进太空吗？

还有一些问题则几乎是哲学式的，涉及存在主义的内核：宇宙有边吗？人活着是为了什么？上帝是谁？我是由什么构成的？

回答这些问题的，都是当今世界上鼎鼎大名的人物，包括科学家、哲学家、作家、艺术家、设计师、探险家、画家……如果说提问是一场探险的开始，那么，答案往往是探险的结束。所以，我唯一觉得遗憾的是，一问一答实在太短了。如果能看到这些孩子缠着大师一直问为什么，更多回合的问答交锋，那该多好。

保罗·哈里斯（Paul Harris），哈佛大学的一位教育学教授，他专门研究孩子为何那么爱提问这件事情。他将“提问”视为区分人类与其他动物之间的一道“进化分界线”——甚至早于语言，人类就已经通过某种形式的提问来获得信息。比如孩子可能拿起一个奇异果，通过眼神或者姿势，向旁边的大人表现出想知道更多的欲望。但大猩猩不会这样做。它们也会传递信号，但只是简单的要求，而不是寻求信息的提问。

在4~5岁的孩子身上，提问的天性达到极盛——对他们来说，整个世界就是由无数的问号组成，而提问就像呼吸一样发自本能，自由而充满想象力。有统计数据称，一个学前儿童每天平均会问父母100个问题。英国还有一项调查显示，4岁的小女孩一天会向他们可怜的妈妈问390个问题，男孩的问题略少一点儿。

但5岁以后，他们的问题就会明显减少（阅读和书写增加），并不是因为他们丧失了提问的能力，而是因为这个年龄的孩子开始上学了，对结果的关心逐渐取代对过程的好奇。而且，他们会发现，大人们，尤其是老师，都更喜欢答案，而不是问题——在大多数场合，提问都被视为是对权威的挑战（或者无知的表现），鼓励提问意味着在某种程度上放下权力和控制，这对成年人来说很不容易，所以能容忍就已经很不错了。

很显然，不问东问西，追根究底，是一种更简单的过日子的方法。神经学家约翰·库尼奥斯（John Kounios）发现，我们的大脑总是想方设法降低我们的心智负担，而方法之一就是不质疑（甚至直接忽略）身边的问题，进入一种“自动导航”状态，这样不仅能减轻大脑负担，提高效率，而且省去许多日常烦恼。

但一个很奇怪的现象是，尽管我们的社会努力反对提问，但最终真正脱颖而出、有所成就的，往往是那些爱提问的人。爱因斯坦就是一个伟大的提问者，他也喜欢回答小孩子的问题，有一本书叫《亲爱的爱因斯坦教授：小朋友写给大科学家的信》，收集了孩子们向这个世界上最聪明的教授提的各种问题，比如：

爱是什么？

是什么使得太阳和行星待在天上？

小鸟的羽毛为什么有颜色？

我想知道天空以外是什么。我妈说您能告诉我。

我们想知道，如果四周没有人，一棵大树倒下去，会不会有声音，为什么？

爱因斯坦一生被人各种编排各种“名言”，下面这句话不知是真是假，但我很欣赏：如果只有一个小时的时间解决一个生死攸关的问题，我会花前面55分钟来决定自己是否问对了问题。

因为工作的原因，我有机会采访很多发明家、工程师、设计师、创业者，我发现，他们大都是了不起的提问者，而他们的成就很多时候都可以回溯到一个根本性的问题。比如我曾经参观过麻省理工学院的媒体实验室，那里号称是“梦想家的天堂”，当时我的采访本上记着这么一个问题：“你所在的学科前沿是什么？对你来说最难的难题是什么？”我以为这是典型的麻省理工学院思维：寻找世界上最难的难题，然后攻克它。但我得到的答案却是——“仅仅为既有的问题找到答案是不够的，更重要的是如何提出新的问题”。

我发现，那里的每个科学家几乎都是带着一个根本性的问题走上自己的科学求索之路的，比如托德曼库弗教授是个大提琴家，小时候他深觉练琴艰辛而枯燥，于是想到这么一个问题，有没有更有趣的方法弹奏出美丽的音乐呢？后来，他发明了100多件不同的“超级乐器”，彻底颠覆了人们对音乐和乐器的固有观念，音乐可以“骑”出来，“捏”出来，“摸”出来，节奏可以像土豆一样地丢来丢去，小孩子可以通过线条和色彩“画”出复杂的音乐。

另外一位印象深刻的教授叫休·赫尔，他17岁登山失去双腿，医生告诉他他这辈子都不可能再登山了。于是他问自己，为什么不能有比人的肢体更高级的假肢？此后的30年人生，为了给自己一双更好的腿，他设计了各种各样的假肢：登山专用的，走路专用的，跑步专用的……他相信会有这么一天，他的腿会和正常的人腿有完全相同的功能。然后他的腿会有更多的升级和拓展，10年内，他会成为这个世界上跑得最快的人。

前两年，沃伦·伯格（Warren Berger）写了一本书叫《一个更漂亮的问题》，提出这个时代提问对于成年人的价值。他说，好的提问者倾向于用好奇、观察的眼睛和“初心”看待周围的世界，花时间琢磨那些别人视为理所当然的事情。他们不害怕问那些最根本性的“为什么”——尽管这些问题也许使他们看起来很天真，孩子气，但他们由此打破预设和传统思维，挖掘到更深层次的真相。这样的提问是创新和解决问题的起点——无论在商业、还是日常生活中。

我们身处一个即时信息的时代，找答案变成一件越来越容易的事情，但互联网也由此给我们制造了一种全知全能的认知幻觉，让我们觉得一切值得知道的东西都已经知道了，或者随时可以知道。既然已经知道了，自然不会再倾听，也不会再提问。但是，要知道，如果还没敲几个字，谷歌就已经知道你要问什么问题，这绝对不是什么有价值的问题。

如何修炼提问的艺术？沃伦·伯格的建议是，从释放内心的4岁孩子开始。所以，我觉得无论有孩子的，没孩子的，都应该读一读这本书。这些孩子只是提出了第一个问题，至于下面更多的问题，或许可以成为我们成年人的思维游戏。

梦是怎么产生的？

大多数时间里，你会感到能够控制自己的大脑。你想要玩乐高吗？没问题，大脑会帮你的；你喜欢读书吗？只要把文字放在眼前，那些书中的角色就会在你的脑海中浮现。但在晚上，奇怪的事情发生了。当你躺在床上，脑子里便开始上演那些最为荒诞、最为神奇，有时候又最为恐怖的剧目。

……

古时候，人们相信梦可以很好地预示未来。如今，我们往往认为梦是大脑进行重新整理的方法，是在忙碌一天之后的自我清理。那么，为什么有时会做噩梦呢？那是因为白天也许发生了一些事把我们吓着了，只是我们当时太忙了，没工夫好好地想想。到了晚上，在我们安然入睡以后，这些恐惧便跑了出来。同样的，也许你白天做了一件自己非常喜爱的事情，但匆忙间并没来得及品味，它便有可能在梦里出现。在梦里，我们回味那些错过的事情，修理那些毁坏的东西，为你所爱的东西编织故事，同时，那些通常被置于脑后的恐惧也会出来游荡一番。

同日常生活相比，在梦里，激动与恐惧的程度都更加强烈。梦让我们见识了大脑是一种多么无与伦比的机器！如果只是用它来做功课或玩游戏，那便真是大材小用了。梦告诉我们，我们恐怕并不是自己的主宰。

解答人：阿兰·德波顿（Alain de Botton），出生于瑞士的英国作家、哲学家。现任教于伦敦大学，擅长探讨与日常生活相关的哲学问题。1993 年以小说《爱情笔记》走红，于 2011 年被选为英国皇家文学院成员。阿兰有两个儿子，他最大的乐趣是与他们一起搭乐高。

为什么自己不能胳肢自己？

你不感到奇怪吗：无论你自己怎么胳肢自己，即使搔自己的脚心或是胳肢窝都不能使你发笑？要了解其中的原因，先要多了解些大脑如何运转的知识。大脑的一项主要任务是猜测接下来要发生什么事情。当你在忙于日常活动时，比如下楼梯或吃早餐时，大脑的某些部分总在不停地进行预测。

还记得第一次学骑自行车的样子吗？起先，你要集中精力稳住车把并使劲蹬脚蹬子，但过了一阵子，骑车变得轻松了，你不再注意自己骑车的动作了。通过经验，大脑对你骑车的动作了如指掌，能预测出你所有的动作，这样，身体便能自动骑行了。只有在遇到情况变化时（比如刮起一阵强风，或者你的车胎瘪了什么的），大脑才会想起骑车这件事来。当发生这些意外事情的时候，大脑便被迫改变原先的预测。如果它干得漂亮，你的身体就会对强风做出调整：向前倾斜、保持平衡。

……

说了这么多，到底跟挠痒痒有什么关系呢？

由于大脑总是在预测自己身体的行为与感受，使你无法胳肢自己；而外人胳肢你时往往出其不意，使你无法预测他的动作，因而会令你笑个不停。这一现象还可以导出一个有趣的事实：如果你造一台机器，通过它你可以摆动一根羽毛，不过羽毛的摆动会因机器延迟一秒，这样你便能胳肢自己了。因为你行动的结果令大脑感到意外了。

解答人：大卫·伊格曼（Dowid Eagleman），美国神经科学家、作家。现任教于贝罗尔医学院（Baylor Colleye of

Medicine），从事时间与感觉方面的研究。他是《纽约时报》的畅销书作家，他的作品《隐藏的自我——大脑的秘密生活》被亚马逊提名为“2011 年最佳作品”。

人们如何知道所有的雪花都不同？

第一个意识到每片雪花可能都不相同的人叫威尔逊·本特利（Wilson Bentley），出生于 1865 年。他生活在美国的佛蒙特州，那里非常寒冷，冬季多雪。威尔逊住在一个非常冷的农舍里，他甚至可以把飘洒的雪花接到一块黑板上，然后将它们带回室内去观察，雪花也不会融化。威尔逊的妈妈有一架旧显微镜，在 15 岁时，有一天他决定用显微镜来看看雪花，所见令他特别惊讶：每一片雪花都呈美丽的六边形，但每一片都不尽相同。

威尔逊·本特利想让每一个人都能看到雪花有多么美丽，但即使在他那间冰冷的房间里，雪花也最终融化了。于是他想出了一个主意。威尔逊说服他父亲给了他 100 美元（在当时那可是相当大一笔钱，相当于如今的 1 500 英镑），买了一架照相机和一个专门的连接件，使他可以透过显微镜来拍照……

他一生都没有停止拍摄雪花，因而成了著名的“雪花本特利”。最终，他给雪花拍摄了 5 381 幅照片，没有一片雪花是相同的。在夏季不下雪的时候，他拍摄姑娘们美丽的笑容。1931 年，他再次冒着暴风雪去采集雪花，不幸着了凉，去世了。

但是，他的看法——每片雪花都不相同——正确吗？

每片雪花都起始于云层中的某粒微小冰晶，在旋转着从天而降的过程中，冰晶逐渐长大。它的形状取决于很多因素，在雪花形成的过程中，每一时刻所经过的地方，其空气的温度与湿度都影响雪花的形状。因此，任意两片雪花能以完全相同的方式下落，其概率是微乎其微的。

不过，世上曾经落下的雪花实在是太多了，仅一立升雪就包含 100 万片雪花。整个世界从古至今落下的雪花总数恐怕得有 1 054（Nonillion[①]）片。这可是个巨大的数字啊，给你这个数有多大的概念：如果你有这么多张 5 英镑的纸币，你用它们铺满整个世界并一层一层地往上摞，摞起来的高度将达到 55 620 公里。

因此，那么多的雪花中会有两片完全一样吗？说实话我们永远不敢肯定，因为没人能把所有的雪花都查看一番。不过据数学家们估计，在这么多片雪花中，用“雪花本特利”的显微镜也仅仅可能发现

① Nonillion：一百万的九次方，相当大的数。——编者注

两片一样的雪花。而即使那两片一样的雪花，假使你用更先进的显微镜观察，还会有些许差异的。

解答人：贾斯汀·波拉德（Justin Pollard），英国历史学家、电视制作人。他出品了多部纪录片，并为多部电影进行历史指导，包括《加勒比海盗》《伊丽莎白女王》等著名影片。

我是由什么构成的?

星际尘埃，差不多吧。

你身体里的一切，以及你周边的一切，都是由极小的叫“原子”的物质组成的。不同种类的原子被称为元素，在你的身体中，氢、氧、碳是三种最重要的元素。

……

我们的宇宙开始于130亿年前的一次大爆炸。不过，在那次爆炸中，质子、中子、电子仅组成了最轻的元素，而诸如氧、碳等较重的、对身体至关重要的元素，却是在炙热的熔炉般的恒星中心形成的，那里的温度可以超过一亿度。

那些元素又是怎样进入身体的呢？很久以前，一些恒星爆炸了，它们内核里的所有元素都被喷射到了太空里，那些元素因而有机会到达这里，以形成我们地球上的所有物质。然后，在大约45亿年前，在银河系中我们这部分，那些太空里的物质开始崩塌，这样便形成了太阳，形成了太阳系，也形成了所有生物的物质基础。因此，组成你身体的绝大多数原子都是在恒星内部创造出来的！组成你左手的原子与组成你右手的可能来自于不同的恒星，你无疑是恒星之子。

解答人：劳伦斯·克劳斯（Lawrence M. Krauss），美国理论物理学家、宇宙学家，亚利桑那州立大学教授。他是美国著名物理学家，同时也是畅销书作者，其中《星际迷航物理学》（*The Physics of Star Trek*）、《无中生有的宇宙：万物起源于空，空又从何而来？》深受好评。

如果一头奶牛一整年不放屁，然后放一个大大的屁，它会飞进太空吗？

我们收集起奶牛一年所呼出的甲烷气，一头奶牛一年能产生187磅（约85公斤）甲烷气体，顺便提一句，甲烷高度易燃，非常容易着火。好了，我们把所有收集来的甲烷气体储存在一个加压的桶里，然后用它去推动绑在无畏的“宇航牛”身上的便携火箭。

为了看看这头牛能飞多高，我请教了一个真正的火箭专家——雷·阿伦斯（Ray Rrons），他测试过阿波罗登月舱的引擎，那种登月舱的样子有点儿像只大蜘蛛，可以把宇航员送上月球表面，之后再把他们从月球表面送回飞船。据他讲，设计登月舱的科学家是在纽约的长岛用

餐时产生了灵感，于是把设计草图画在了一张餐巾纸上。

提到那头将要飞往太空的牛，雷建议为了稳妥起见（避免牛翻跟头）应采用双喷嘴引擎，还要装备超轻的、流线型的高科技飞行服以减少空气阻力（发射前的新闻发布会一定酷呆了）。随后雷用他的火箭科学家方程式计算了一番。

计算的结果是，187 磅（约 85 公斤）甲烷将会提供 2 000 磅（约 907 公斤）的推力，并能使这样大的推力持续 33 秒钟。雷估计这将使一头重 1 500 磅（约 680 公斤）、身着流线型宇航服的牛飞到大约 3 英里（约 4.8 公里）的高空。太空起始的高度约在 20 英里处（约 32 公里），因此从技术上讲，这个问题的答案是“不行”。不过，雷对此印象很深，他说：“甲烷引擎很是热门！”

解答人：玛丽·罗奇（Mary Roach），美国作家。她以科普创作为主，是《纽约时报》畅销书作者，其代表作是《整装去火星》（*Packing for Mars: The Curious Science of Life in the Void*）。

宇宙有边吗？

真是个好问题。我的回答是：人类还不知道宇宙到底有多大！我们能看到的只是宇宙的一小部分。这一部分是从大爆炸发生以来，在138亿年里，光走过那里并且到达我们这儿的那一部分。比这再远的距离我们就看不到了，因为从那里来的光还没走到我们这儿呢。

不过，我们能看到的宇宙已经非常大了，里面装着大约3 500亿个银河系般的大星系，每个星系里又装着不下1万亿颗太阳般的恒星。这部分被称为可视宇宙，其直径大约900亿光年。宇宙一定远大于此，它甚至可能是无限大的。这真是不可思议！

解答人：布莱恩·考克斯（Brian Cox）教授是一名量子物理学家、科普工作者、前摇滚歌星。他努力使物理学变得更有趣味。如果你对太空和自然感兴趣，也许会在《观星指南》（*Stargazing Live*）与《生命的奇迹》（*Wonders of Life*）中看到过他的演出。除了做电视节目和写书之外，他在曼彻斯特大学教书，还常去瑞士，在欧洲核子研究组织的大型强子对撞机上做实验。

人活着是为了什么？

人们养牛是为了取奶和食肉，养羊是为了剪羊毛。在这个意义上讲，人活着不为任何事情。但是，人类当然有自己的使命和目标。为了完成自己的使命而活便是生命的意义所在。我们绝不应该为了一己之私而利用他人，相反，我们应该与人为善，并对他人的善行义举心怀敬意。

解答人：格雷灵（A. C. Crayling），他是伦敦新人文学院校长，他创作与编写了 20 多本哲学和其他题材的书籍。为了抗议滥用体罚，格雷灵 14 岁时曾逃离学校，他很高兴如今的学校不再体罚学生了。

人放屁为什么这么可笑？

真是个既傻又妙的问题。你算是问对人了，像你一样，我也觉得放屁好笑至极。它本不应该这么可笑，不是吗？放屁是一种生理现象，人人都放，只是程度有差别而已。但多数人在听到放屁声时仍会笑出声来。（在我看来，那些无动于衷的人倒是有点儿奇怪。）

我觉得顽皮与尴尬两方面的原因都有。长久以来，人们就认为放屁是一件不该大张旗鼓的事情。所以听到放屁声，我们便知道一定是有人“犯错”了，就会忍俊不禁。当局面尴尬时往往格外好笑。

何种场合下放屁才真正难堪呢？是婚礼中步入礼堂时？是拜会女王时？你正在行礼，突然，“卟”……场合越重要，效果便越滑稽。最后还要提到，屁的声音既嘹亮又高低长短各异，似乎正和上喜剧的节奏，而且还是自下盘而来。你也许现在会问：有人放屁时怎能不好笑？

解答人：米兰达·哈特（Miranda Hart）她是喜剧作家和演员，凭借出演情景喜剧《米兰达》（*Miranda*），成了英国最著名的喜剧演员之一。从记事起她就想当个喜剧演员，不过，她也从未放弃过另一个梦想：成为温布尔登网球赛的冠军。

人类从哪儿学会了数数？

很可能是从观察月亮开始的。我们的祖先一定注意到了月亮周期性的变化循环，从满月到新月，再回到满月。

为了跟踪月亮的圆缺，祖先们会在木头或石头上刻一些记号，或者在石墙上画一些标记，这样就可以记住所经过的天数了。每一个记号或标记表示过了一天，这很有点像电影里囚犯用的办法：每过一天便在牢房的墙上划一道线，以便记住自己在监狱里待了多久。

所以，人类数数的目的在于渴望追踪时间。这一目的引领人类在经过了千百年后，最终发明了数字。

解答人：亚历克斯·贝罗斯（Alex Bellos），数学作家，是《亚历克斯数字王国奇遇记》（*Alex's Adventures in Numberland*）一书的作者。该书讲述了数学的趣味所在，以及数学与现实生活的关联。他现住在巴西，正创作一本有关足球的书。

为什么蝴蝶飞起来的样子好像是漫无目的？

蝴蝶上下翻飞四处乱撞仿佛是迷了路，其实它们往往比人更知道该去哪里。当你看到一只蝴蝶紧贴地面，翩跹于花间草丛时，它很可能是一只雌蝶，在找合适的植物来产卵。

当你看到一只蝴蝶如巡逻兵一般沿着树篱或花池飞过时，它很可能是一只雄蝶，正在找寻伴侣。

当你看到两只蝴蝶一起盘旋上升时，那很可能是两只雄蝶在打斗，赢的那只将把所有的蝴蝶以及其他昆虫（比如蜜蜂）逐出自己的领地。

迁徙中的蝴蝶会从欧洲大陆跨海到达不列颠岛，乘着风势它们每小时可以飞50公里，是正常速度的两倍。夜间，蛾子可能会撞上你，但蝴蝶很少误撞。我一生中所见过的蝴蝶，没有一只撞上过我。

解答人：帕特里克·巴克汉姆（Patrick Barkham），作家，在乡间长大，他写过一本名叫《蝴蝶岛》（*The Butterfly Isles*）的书专门谈抓蝴蝶，他正在写作的书要谈人们为什么喜欢海边。

我的脑子那么小，怎么能存下那么多的信息？

成年人的大脑只有 1.4 公斤重，却是由 1 000 亿个微小的神经元组成的。每个神经元的样子就像一株多杈的小树，它的枝杈向外伸出，与别的神经元相接触。每个神经元与其他神经元都有 5 000~10 000 甚至更多个连接点，于是，总的连接数量超过了 500 万亿！一份记忆本质上就是神经元间彼此连接的一种模式。

你的每份回忆、每次思考，都会改变那个巨大网络的某些连接，从而改变你的大脑。在你读到现在这句结尾时，就会产生新的记忆，那意味着你的大脑已发生了实实在在的改变。

解答人：乔舒亚·富尔（Joshua Foer），科学记者，写过一本名为《与爱因斯坦月球漫步》的书，内容是关于人类大脑潜能的。

我们为什么要哭？

有个教授注意到，人们经常满脸泪痕地说，大哭一场能使心情好一些。于是这个教授做了一个试验……

他发现，人们伤心时哭出的眼泪含有一些额外的成分，而洋葱引

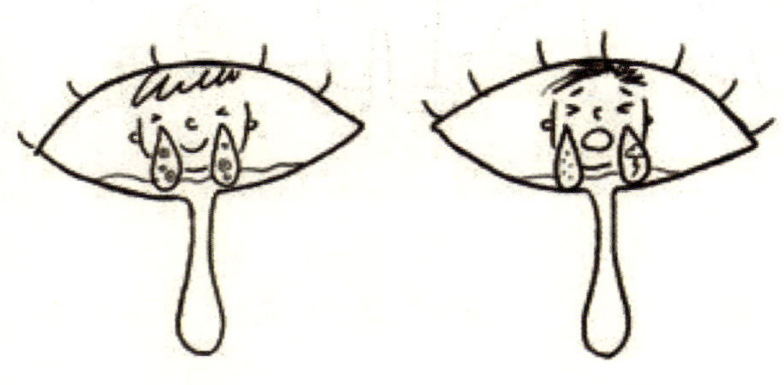

出的眼泪却没有。于是他想，也许我们心情好转因为通过眼泪带走了这些物质，而泪水的作用也许正在于此。但并不是所有人都赞同这种看法。许多心理学家认为，人们哭的原因是为了让别人知道自己需要同情或帮助。哭其实是有意为之，真正使哭者宽慰的是旁人的安抚。

快乐的泪水则更显神秘一些，但所有强烈的情感（无论欢乐还是悲伤）都有许多共同之处，它们似乎都触动了身体里某些相同的生理过程。

解答人：克劳迪娅·哈蒙德（Claudia Hammond），她是一位作家、播音员和心理学演讲者。她写过两本书讨论感觉的科学原理：《错位的时间》（*Time Warped*）与《情感过山车》。

冰有味道吗？

在格陵兰岛和南极，冰形成了厚厚的冰层，但它们不是由水直接冻结而成，而是由雪形成的。雪里面充满了空气，这是雪蓬蓬松松的原因。当雪层不断加厚时，重量使得蓬松的雪片不断挤压，直到最后黏在一起形成了冰。伴随这个过程的是，空气也被封存在了冰里。

在南极那样的地方，天气很冷，冰从不融化，因此冰层越积越厚。终于有一天，科学家来到这里，他们从冰原的顶上向下钻探。越钻越深，他们得到的冰块也越早形成。我曾亲眼见过那一幕，那真是太神奇了。科学家们取出了一块 80 万年前的冰，它的气泡里仍保存着古代的空气。

为了表示庆祝，当我还在那儿时，科学家们把一些古老的冰块放进了饮料里。当冰开始融化时，我能听到那些古老的气泡发出嘶嘶的声音。我闻了闻杯子里冒出的空气。这些空气被封存在冰里时人类还不存在呢，所以我想，我是闻过这些空气的第一人。老实讲，那些空气闻起来与普通空气并没有什么两样，可我还是给激动坏了。

解答人：加布里埃尔·沃尔克（ Gabrielle Walker ），她通过写书、拍摄电视节目来揭示我们这个世界的运行之道。她在亚马孙河与食人鱼一起游泳，在夏威夷用一把锤子从活火山中取出熔岩。她的新作《南极洲》（*Antarctica*）讲述的是地球上她最喜欢的地方，她希望那里能永远寒冷、冰雪长存。

“看”世界的1001种方法
——关于观察的艺术

我们每个人大概都有过类似的经验：当你近距离地看一个很熟悉的东西，它会渐渐变得陌生。所谓“观察”，就是这么一种艺术——在最平常无奇的地方寻找新奇有趣的东西。

《14只老鼠去春游》

几年前，我在斯坦福大学采访一位文学教授，他叫罗伯特·哈里森，以研究森林、花园与但丁著名。他带我到校园中心的一个花园散步，花园非常美，满目绿意，石径拱桥，流水环绕，正中间是一个古朴的石砌池塘。我们就坐在池塘边上，看着学生们一个接一个地走过，却没有一个人向池塘看一眼，青苔的暗影衬着白色的睡莲是多么的美。

罗伯特·哈里森教授写过一本书——《花园：谈人之为人》。在这本书中，他提到，在如今的西方社会里，最受冷落的莫过于“观察”这门艺术了。我们对现象的感知力如此之贫乏，很多人已经压根儿看不见现象世界了，除非是心不在焉，毛毛糙糙地一眼带过。纵使世界上遍布着花园，我们其实生活在一个没有花园的时代。

为什么呢？

他的解释是，现象世界的光芒只在时间的深度与心智的求索二者交汇中方可显现——而这两者恰恰是我们这个时代越来越匮乏的东西。

也就是说，观察的艺术，必须以“专注”为基础。而所谓“专注”，其实就是一种很简单的实践——留意新事物，积极寻找差异。无论是关于你自己的，还是关于周边环境的，无论这个新事物很傻，或是很聪明，只要它是新的，是不一样的，就会将你置于“当下”的状态，让你对人和环境重新敏感起来，向新的可能性敞开，形成新的视角。

所以，观察力最有效的训练之一就是记笔记。无论走到哪里，随身带一支笔，一个小本子，你眼中看到的世界就会丰富许多。很多念头一闪而过，只有用笔才能记录下来，有些事情只有用笔写下来，才能真正理解和把握。

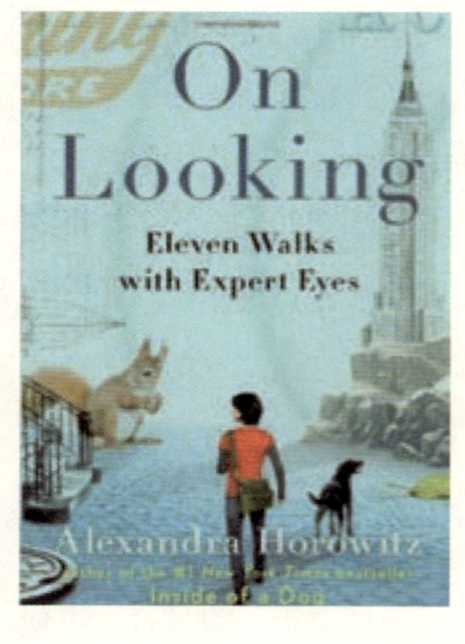

另外，你还可以时不时换一双眼睛看世界。去年，我读到一本书叫《观察：与专业眼睛的11次漫步》（*On Looking: Eleven Walks with Expert Eyes*），作者亚历山德拉·霍罗维茨（Alexandra Horowitz）是一位认知心理学家，她邀请了11位不同领域的专业人士与她一起漫步曼哈顿街头，看看他们眼中的世界与她眼中的世界到底有什么不同。

她邀请的专家里有地质学家、字体设计师、插画师、自然学家、野生动物调查员、都市社会学家、医生、声音工程师、盲女人，还有两位特殊嘉宾——她两岁的宝宝和她的狗狗。

每一位专家都为散步带来了独特的视角和敏感性，比如在地质学家西德尼·霍伦斯坦眼中，世界只由两种东西组成：矿物质和动植物的生物量。城市突然变得不再是一个贫瘠的“人造”对象，而是一个生机勃勃、风景鲜活的生态系统。

从这个视角看，城市更加接近自然世界。冰冷的石头是天然的，甚至可以算是有生命的：它会吸收水分，会在阳光下变得温暖，也会在雨中脱落皮肤。就像我们一样，石头也会受岁月的侵蚀，它的表层会变得松软，岩脉会变得更加突出。若将城市也看成是一个自然景观，就会发现城市并非一成不变：即使是看起来最强大的、像公寓大楼一样的庞然大物，在风、雨和时间的长期作用下也会逐渐走向退化衰亡。

在昆虫学家查理·艾斯曼眼中，地面的每一平方英寸里都充斥着勃勃生机和突如其来的死亡。

从声音工程师斯科特·莱雷尔身上，我们借的是一双耳朵。在这双耳朵的陪伴下，我们学会了如何聆听“事物内外的声音”：

我享受着车辆的轰鸣声，苍蝇的嗡嗡声；我凝视着鸽子，期待着它们咕咕的叫声；我俯瞰行人，心里默默地鼓动他们哼一声或者咳一声。我听着或长或短，或粗或细的尖叫声、吱吱声，把它们和各种鸣鸣声和口哨声相比较。每一种声音都让我感到亲切而愉快。

和字体设计师保罗·肖一起散步3小时后，作者发现自己看到的不再是单词，而是单词的构成要素。“我大脑的一小部分（语言部分）停止了工作，而形状识别部分却在忙碌工作。”

就这样，在多层目光的叠加下，一个平淡无奇的世界逐渐呈现出丰富的色彩、音乐与意义。

看完这本书，我就在想，11个专家真是太不过瘾了。如果全世界的眼睛任由我来选，我会选谁的眼睛来陪我看世界呢？

与艾瑞克·卡尔（Eric Carle）一起躺在草地上看看云如何？

一双普通的眼睛只能看到一朵白色的云，但画家的眼睛会注意到光线与阴影之间精妙的层次，看到形状的优雅组合，看到轮廓的柔和阴影……花了半个多世纪的时间为孩子画画的艾瑞克·卡尔，他的眼睛大概又会更添一层对世界的亲密与好奇吧。

艾瑞克·卡尔最著名的作品是《好饿的毛毛虫》，他还画过《好忙的蜘蛛》《好安静的蟋蟀》等，但这本《小云朵》似乎知道的人不多。在他的笔下，一朵小小的云朵呈现了万千变化，从绵羊、兔子、飞机、鲨鱼，到小丑的帽子……是最好的关于观察与想象的游戏。

或者与凯文 · 汉克斯（Kevin Henkes）一起看鸟。猜猜如果鸟儿用尾巴画画，天空会是什么样子？

或者，和洛伊丝 · 埃特（Lois Ehlert）一起，看一棵枫树如何在季节的变迁中不断改变颜色与形状？

最美妙的，大概是与岩村和朗先生一起漫步日本的乡间山林吧。走在 14 只小老鼠曾经漫游过的树林，亲眼看看树林中时光的流转，光线的变化。用耳朵倾听风的声音，用舌尖品尝山谷溪水，像他一样将自己想象成松鼠、青蛙或者野鼠，身体贴近地面，试着用它们的眼睛看看世界……

我一直好奇，这个 70 多岁的老人，到底是拥有一双什么样的眼睛，竟然对山水的形态、色彩、声音、光亮敏感至此？

岩村和朗原本是日本NHK电视台的节目编辑，31岁时幸运抽中大奖，得到了位于栃木县益子町的住宅，于是携妻子搬离东京，来到乡间居住。新家的附近有一片杂树林，秋天的树林有着丰富的光线，正是这片树林启发和孕育了“14只老鼠”系列、“7只老鼠”系列、“森林里的松鼠”系列、“小猴子坦坦”系列等绘本。

在一次采访中，岩村和朗提到自己画《14只老鼠赏月》的时候，爬上树去观察中秋节时小橡子树叶子的变化，“真是感觉到每一片叶子都有不同的表情”。

记者问他为什么总是画小小的世界，他回答说：“我觉得与其从一个很广阔的角度看周围的世界，不如从一个很小的角度、事件去看，如果你从这样一个角度去看，那平时很多你看不到的东西，就都可以看到了。仔细看，你会发现一个不可思议的世界。”

脑“洞”大开
——每个孩子都不应该停止画画

画画是一个孩子天然的表达方式。

俄温·托斯特（⌀yvind Torseter，1972年生）是一位挪威艺术家与插图画家。托斯特曾在英国肯特艺术与设计学院学习插画，他将传统绘画技法和数字绘画技法同时运用于作品中，还尝试运用了图形效果和三维回形针技巧。他为图书绘制的图画既可作为插图，也可以作为独立的绘画作品，其中饱含着细节与故事，给人以遐想的空间。

看俄温·托斯特画画，是一个非常奇妙的过程。

“我喜欢从一个失误开始，比如一个无意间滴落的墨渍”，他的钢笔在墨渍中来回勾勒了几下，墨渍很快成了一个鼻尖，然后线条继续往上走，勾勒出小小的耳朵、眼睛，隐约可以看出是一张小狗的脸。

他盯着小狗看了一会儿，自言自语地说：“他看起来有点忧郁。”

在这位挪威绘本画家眼中，这样的绘画过程中有最大的自由，就像一个孩子涂鸦，漫无目的地画着画着，看看会发生些什么，期待着有什么惊喜出现。“如果你问一个孩子，你在画什么？就不好玩了。他们只是喜欢画而已。你不知道为什么。”

他绘本里的许多角色都是在这样漫无目的的涂鸦中诞生的。然后，有一些形象会固执地留在他的脑海里，刺激他一遍一遍地画——“我对他们很好奇，必须画出来才能了解他们。他们大概什么性格，喜欢做些什么，怎么跟别人相处……”

他拿起钢笔，唰唰几笔，在本子上画出了一个细胳膊细腿的猫女，还拖了一条细细的尾巴。“她有一点多疑，有一点害羞，喜欢解谜，没准儿会是个侦探。”他说，“她在我的故事里当过配角，但不是主角，也许以后我会画一本她当主角的故事。”

然后是一个穿西装打领带的象男，光头、长牙、细细的长鼻子垂下来，神情傲然。“他是个梦想家，喜欢诗，喜欢读，总是穿得很体面。”他说。想了想，又在边上画了一个扳手，打上叉叉，说：“大象的手指不大灵活，所以他大概不会干手工活。”

他最著名的角色叫“Mulegutten”，是挪威语，翻译过来就是“驴男”的意思。他好奇心比较重，但笨拙，容易冲动。

“画驴男是一件很有意思的事情，他的表情不好表现，所以要在身体语言上下很多功夫。”

托斯特让驴男做了《洞》的主角。他一直想做一本很具实体感的书。有一天，他突然奇想，从素描本正中心戳了一个洞，然后开始绕着这个洞画画。

他喜欢把自己的创作分成两个阶段，第一个阶段是纯粹的画画，没有计划，不加思考，完全跟随本能的直觉，这时候，他回到一种孩童的思维状态——从一个孩子的眼睛看，这就是一张纸，有个洞，我能拿它玩点什么呢？它是什么东西？我能怎么用它？看看会有什么奇怪的事情发生？

到了第二阶段，他才以一个成年人的眼睛，重新审视这些画，拼贴、组合、剪辑、从中寻找具体故事的可能性。最后，变成了这样一个故事。

有一天，驴男在自己新搬的公寓里发现一个神秘的洞，它仿佛有自己的意志，会到处移来移去。

然后，我们看到可怜的驴男一路面无表情地抱着一个盒子（他以为自己已经将那个洞装在盒子里面）去实验室。

翻动页面，我们会看到那个洞以各种难以预料的方式不断变化，从洞到街灯，到车轮，到鼻孔，到气球。一会儿在，一会儿不在，一会儿在天上，一会儿在地下，像上帝开的一个玩笑。

实验室里各种捣鼓和检测，仍然没有解释。

《洞》是他最成功的作品，被翻译成15种语言，包括中文版。有人评论说，这是一则关于“有”与“无”的存在主义冥想，但托斯特更愿意把它看成是一场游戏的意外结果。

俄温·托斯特从小在挪威郊外的农场长大，父亲是一个农场主，母亲是家庭主妇。童年的生活内容中包含很多的自然，很多的动物，还有很多自己的时间，可以尽情地画画和玩耍，发展自己的想象力。他喜欢幻想一些奇怪的世界，然后把它们画下来，比如他曾经画过一个岛，岛上有一个城市，那里的人们最喜欢的食物是小章鱼。

童年给予他最重要的东西，与其说是经验与故事的源头，不如说是一种视觉化和游戏化的思考方式。“我更关心的，是找到一种创造或者实验的空间，在那个空间里，你可以找到很多的方向，它可以是快乐的故事，悲伤的故事，沉重的故事，或者混合了不同情感的故事。”托斯特说。

“画画是一个孩子天然的表达方式。每个孩子都画画，他们从不害怕把颜料涂在餐桌上，他们都喜欢涂画动物的形状，直到他们到了课堂上，开始学习符号，学习语言，更重要的是，他们有了互相攀比的概念，在种种挫败感中放弃了画画。但对他们今后的一生而言，这实在是一种巨大的损失。”

世界如此奇妙，如何让孩子找到入口？

在我们看来，孩子就是大人，只是少一点知识，但他们的心智更加开放。

——丹尼尔·米热林斯基

亚力山德拉·米热林斯卡（Aleksandra Mizielifiska）和**丹尼尔·米热林斯基**（Daniel Mizielifiski）是一对年轻的波兰夫妻。8年前，他们毕业于波兰华沙艺术学院书籍设计专业，他们有自己的工作室，于2010年获得“博洛尼亚国际儿童书展插画奖”提名。“大学刚毕业的时候，人生扔给你的任何机会都得抓住，扔到我们手里的恰好是一本给孩子的书，一本关于现代建筑的书”。

世界上最深的地铁在哪里？

平壤仿照北京及莫斯科建成了世界最深的地铁系统，最深处达地下200米，平均深度亦达100米，某些山区路段更深入150米，因此除了交通运输外，地铁系统还有防空洞的功能。

所有生物的家都像我们的家一样吗？

原来，好多好多动物的家就安在地下，而且还以迷宫状呈现。给自家留了一个紧急情况下使用的出口的狐狸；狗獾的门口就是厕所，它通过粪便来标记自己的领地；在地上看到的蚂蚁窝仅仅是蚁穴的一小部分，蚁穴的大部分在地下……

谁曾经潜入大海的最深处？

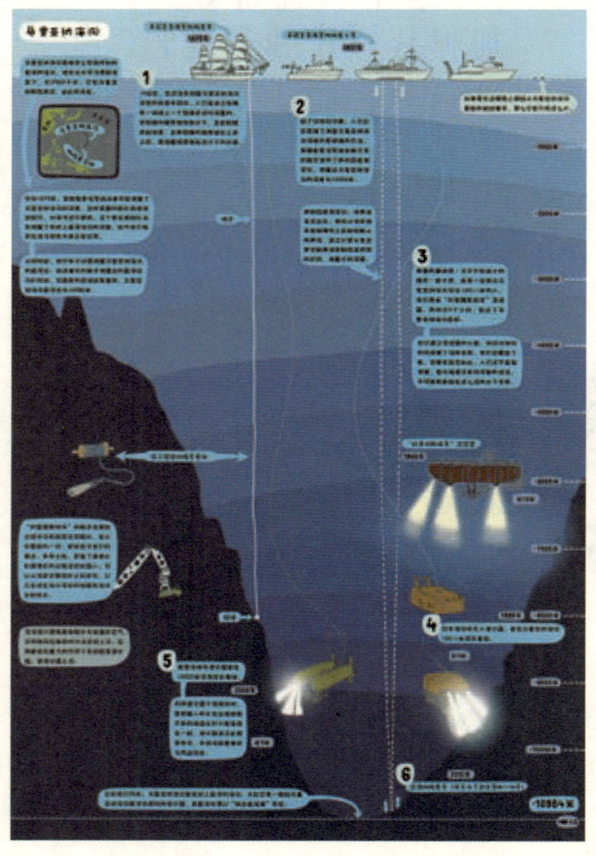

马里亚纳海沟是地球上最深的海沟，为了纪念第一艘到马里亚纳海沟最深处探险的潜水器，其最深处便以“挑战者深渊”命名。除此之外，英国海军“挑战者号”、美国科学家唐纳德·沃尔什、瑞士科学家雅克·皮卡德、日本“海沟号”无人潜水器、美国“海神号”潜水器都有什么样的故事？泰坦尼克号的残骸是如何被发现的？茫茫大海里还有多少沉船未被发现？

在世界各地的海洋中，可能有超过 300 万只沉船。它们当中的一部分可能会成为潜水员们的游览胜地，而科学家们则会对一些古老的沉船进行研究，以便了解几百年前人们的生活习惯。除此之外，仍有许多沉船未被发现。

从书本中获取知识，曾经是一个人“学习”的最重要的途径。但是，随着网络时代的到来，知识的本质正在发生深刻的变化。我们越来越相信，“知道从何处寻找信息”比“知道的信息”本身更重要，“知道更多”的能力比“目前知道多少”更为重要。当一个孩子可以用一个平板电脑和一个搜索引擎，得到任何他想要的信息与知识时，书本还有存在的意义吗？

这本《地下、水下》为我们提供了一个非常有趣的反例，证明书本在这个时代的独特价值——它调用了各种视觉手段，以一种充满想象力的方式，对知识进行重新组织和结构。在这样的结构之下，学习不再是关于答案，而是关于问题，关于找到你所关心的问题，一步步探究挖掘，每个问题都可以是一个新的起点，以通向新的问题。学习不再是机械的，孤立的死记硬背，而是无序的、好玩的、持续一生的发现和探索。

《地下、水下》的前后两个封面分别代表两个世界的起点。在“地下”世界，你会越走越深，从脚下的土壤一直走到地心。你会发现生活在地下最深处的奇特生物；扎根在沙漠之下的植物深根和隐藏在地下的管道和电缆；还能发现陆地上最大的施氏无畏龙恐龙化石，以及世界上最深的科拉钻井和库鲁伯亚拉洞穴……

在“水下”世界，你会越潜越深，从阳光照射的珊瑚礁到海洋最深的黑暗之处。你会看见生活在淡水和海水中的不同鱼类，海面下的巨大海洞；你也可以看见人类为了探索海底世界，设计的各式潜水服和潜艇；你也可以乘坐阿尔文号潜水器参观泰坦尼克号的残骸，以及神秘的海底热泉和迷失之城，跟随卡梅隆在数万米深的马里亚纳海沟探秘……

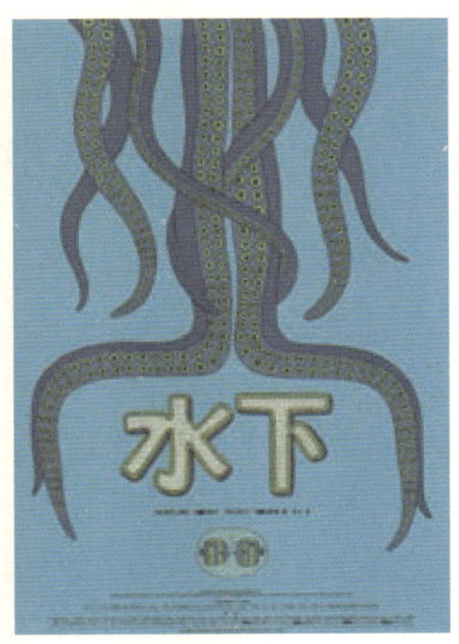

"我们的工作不是传递知识。知识网上到处都有，可惜人们更愿意在网上看猫咪的视频或搞笑照片。所以，我们的工作是刺激好奇心。没有好奇心，即使网络上包含了世界上一切的知识也没用，因为你根本不会去看，更不用说思考了。"在接受我的采访时，《地下、水下》的作者亚历山德拉 · 米热林斯卡和丹尼尔 · 米热林斯基这样回复。

《房子》（*D. O. M. E. K.*）是米热林斯基夫妇设计的第一本非虚构类绘本，书中介绍了全世界最著名的建筑师设计的35个建筑。“在这本书中，我们想做的不是让孩子记住关于这些建筑的事实或者知识，而是向他们展示建筑可以多么不同，多么有趣。”

这本书中，他们已经呈现出一种属于他们自己的风格特质，比如鲜艳的色彩、密集的卡通角色、可爱的手绘风格、极富设计感的字体和版式、从多个层面和角度组织信息的能力，以及时不时从非虚构突然转入幻想世界的神来之笔。比如当他们画到一座飞碟形状的建筑时，专门画了一页“你能在UFO里找到什么？”。

当画到东京的一幢高层建筑时，从小迷恋怪兽电影的丹尼尔·米热林斯基忍不住插入了一幅怪兽军团攻击东京的画面。

“我们的童年是在科学书和百科全书中度过的。我们喜欢看百科全书里五颜六色的插图，研究植物、轮船、火车、动物的解剖图。爱上小说是后来的事情。我喜欢科幻小说，亚历山德拉读很多冒险小说。但我们最初的爱始终是非虚构。”

尽管当时他们还没有孩子，也没有任何陪孩子玩，或者教孩子点什么东西的经验，但在短短的8年内，他们一共画了20多本教育类绘本，在非虚构类绘本领域开拓出一片全新的天地。

比如，他们的第二本书是《设计》（*D.E.S.I.G.N.*），从150年的工业设计和室内设计历史中精选出69个最著名的作品，比如拳击赛场形状的床，涂鸦风的枝形吊灯、骷髅镜等。

《艺术》（*S.Z.T.U.K.A.*）则是关于现代艺术的。与传统的绘画与雕塑不同，这里的艺术是从散步、种树、与宠物的交谈、爆炸的故事中得到的灵感。艺术变成了一场场冒险，而艺术家是改变现实的魔法师。

《欢迎来到Mamoko小镇》是一本关于观察、发现与冒险的无字书。Mamoko小镇发生了很多怪事，艺术品被盗、文特森 · 布里斯克约会要迟到了、五博小姐丢了很珍贵的东西，小读者要跟随其中一个角色，自己编出一个故事。

《地图》介绍了7大洲、4大洋、南北极和42个国家。在作者看来，地图不仅仅是关于国家、城市、边境、高山、河流，同时也是关于动物、植物、历史、人、饺子、UFO……

“为什么我们的书容易理解？”丹尼尔在一次柏林设计展的演讲中说，“因为我们自己在创作的过程中也在不断地学习新的东西。我们的设计总是遵循同样的过程：找到一个吸引我们的话题，大量的阅读和调研之后，选择其中我们认为最精华的部分，再以一种新的方式重新组合起来。然后，再加入一些有趣的故事。我们始终相信，幽默与笑是知识最好的媒介。”

“书本来就是用于教育的。”他说，“对此我们从不遮遮掩掩。这个世界对孩子来说已经足够有趣了，我们只要帮他们找到入口就好了。”

小时候我们都曾问过，世界是什么样子的？

安娜·菲斯克 出生于瑞典，现居挪威，她的作品注重细节和鲜艳简单的色彩，以此充分凸显出钢笔画独有的魅力。她每创作一部作品，都需要累积以大量的素材，进行精巧而独具匠心的构思。她俏皮独特的线条图和在童书领域的创新让她屡获多个欧洲知名奖项和荣誉，包括“奥斯陆文学奖”、挪威“文化部绘本奖”、“学校图书馆员协会文学奖”等 21 项大奖，并多次获得挪威文化部颁出的奖学金，是第一位连续 5 年荣获挪威政府奖学金的童书作家。《你好！世界》系列是其代表作，历时 9 年创作时间，被挪威大使馆列为推荐读物。

小时候，我们可能都有过这样的疑惑，蚂蚁住在哪里？甲壳虫住在哪里？大海应该是什么样子？整个世界是什么样子的？只不过，长大以后，我们就把这些问题给忘了。所幸安娜·菲斯克没有忘，所以，她花了 9 年的时间创作了这套《你好！世界》绘本。

不久前，我去了一趟皮克斯动画工厂。在著名的史蒂夫·乔布斯大楼门前，立着一盏巨大的银白色台灯和一个巨大的皮球。每个经过的人，都会不由自主地停住脚步，往小台灯看上一眼，脸上露出某种会心的微笑。

《小台灯》是皮克斯30年前创作的第一部动画短片。短短的几分钟，大小两盏台灯在玩球，没有任何台词，甚至连表情都没有，却让小台灯成了有史以来最可爱的动画角色之一，大台灯则让我们疑惑至今——它到底是爸爸，还是妈妈？

按照导演的说法，这是因为故事有一半是观众创造的，只是观众自己不知道而已。在皮克斯，这个道理被总结成了“2+2的统一定律”——不要给观众一个4的答案，而要给他们2+2，让他们自己把故事拼接起来；而作为讲故事的人，你在故事中所提供的元素及其排列顺序在与观众的互动中起着至关重要的作用。

几天前，在挪威使馆举办的一次绘本研讨会上，我看到一套名为《你好！世界》的绘本丛书，乍一看觉得与2015流行的《地下、水下》非常相似，但随手翻一翻却停不下来，笑到肚子疼。安娜·菲斯克据称是北欧的钢笔画大师，但我觉得她更是“2+2故事法”的大师。

这套书作者耗时9年，以地球、大海、行星、小镇，以及地下为画布，视野极为广阔，想象力所及之处，看似天马行空，恣意挥洒——从书中任意一个角落挑选一个角色都是一个故事的起点，每一个古灵精怪的角色都是一盏皮克斯的小台灯；但细究之下，又深感作者的结构布局其实相当严谨细致，角色与角色之间的关系、故事与故事之间的勾连，都经过了深思熟虑，隐隐含有深意。

比如《你好，小镇》里，牙科诊所的一天。

球店

早！
早上好！

快下来，我会给你一只苍蝇的！
65颗蛀牙！
球店

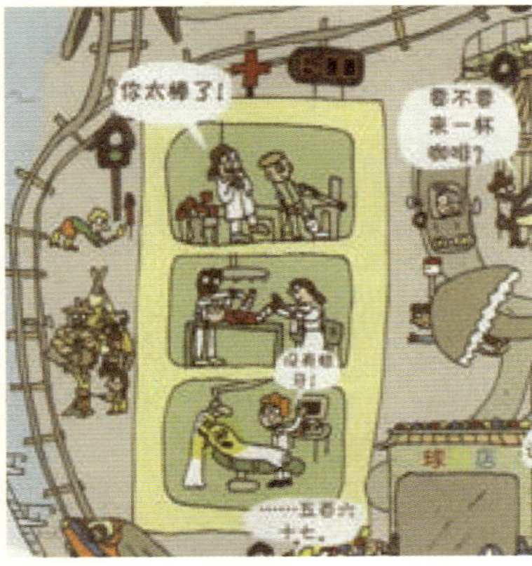
你太棒了！
要不要来一杯咖啡？
没有蛀牙！
……五百六十七。
球店

从诊所里随便挑选一个病人，比如这位没有蛀牙的幽灵，追随他的脚步来到寂静的教堂墓地，可以看到两个幽灵与一个骷髅的一段惬意人生。不知为何，我脑海里浮现出来的竟然是《神雕侠侣》中的百花谷。

目光从墓地无意间扫到一家鞋店，店员悄无声息地等待了一天，终于等来一位豪客。

再看《你好，地下》，一只蜈蚣在自己的洞穴里不停地织着袜子，是否让人想到一点点西西弗斯推石上山的荒谬？

一只执着的在蹦床上度过了一生的小跳蚤，以及他的吃货邻居。谁比谁更高尚一点呢？话说那位邻居最后是撑死了吗？还是减了肥？

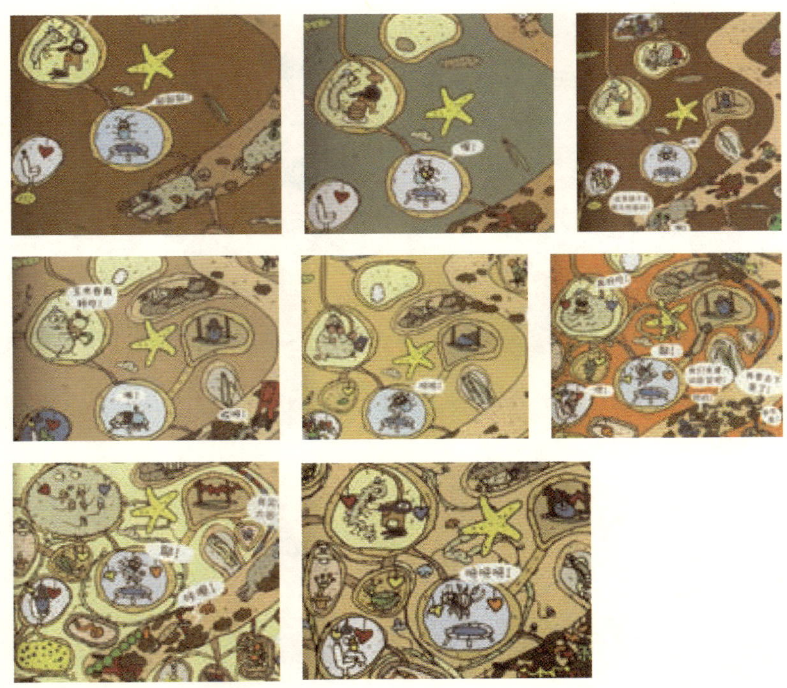

《你好，大海》里，一位多才多艺、激情洋溢的摇滚鱼，但同样逃不开海底世界残酷的生存法则。

《你好，行星》里的天才理发师，我喜欢他忙碌了一天之后，坐下来喝一杯可乐的孤独身影。

《你好，地球》是作者构思的第一部作品，她在谈到这一切创作的起点时说：

“当我还是小孩子的时候，就开始想这些故事了。小时候躺在床上，觉得有点害怕，周围有点吓人，就开始想这个世界，全世界的人，他们现在都在做什么，比如美国人可能在睡觉，中国人呢，也许刚起床。就这样，我一边想着全世界的人、地方和时间，觉得自己变成了世界上很小的一个点，然后我就睡着了。”

其实，小时候我们可能都有过这样的疑惑，蚂蚁住在哪里？甲壳虫住在哪里？大海应该是什么样子？整个世界是什么样子的？只不过，长大以后，我们就把这些问题给忘了。所幸安娜·菲斯克没有忘。愿每一个孩子在她的异想天开里找到与这个世界的连接点。

第四章

书单

50 度伤心
——那些令成年人落泪的童书

一个人的心灵能承载多少的爱，就必然要承受多大的痛——他以最大的真诚向孩子讲述这一关于人生的真相。

迈克尔·罗森（Michael Rosen），英国人，写诗，写儿童小说，也写政治专栏，主持电视节目，曾经当选“英国桂冠童书作家”。他的幽默与搞笑风格经常被拿来与罗尔德·达尔相比（也因为他与达尔都爱请昆廷·布莱克画插画）。

岁月渐长，每至年关，占据心头最深的情绪渐渐从欢快和期待，换成了惆怅和悲伤，也许因为已经进入这样一个人生阶段：生命中最重要的人已经或者正在一个接一个地离去。

《我们要去捉狗熊》是罗森最著名的一部作品，讲一户人家趁着好天气要去捉狗熊，一路跋涉，穿过高大摇摆的野草、又凉又深的河水、又深又黏的烂泥、好大好深的树林、又急又大的风雪、又窄又暗的山洞，终于发现一只狗熊，却吓得掉头往回跑。

听到《伤心书》要出中文版的消息，我就很想写点什么。这本书差不多是我读过的最悲伤的一本童书。英国作家迈克尔·罗森在儿子艾迪去世5年后写下这本书，由昆廷·布莱克绘图。

罗森曾经在一次采访中提到他写《伤心书》的原因——在艾迪去世之后，他仍然常去学校，和孩子们待在一起。他给他们讲起艾迪的故事，然后这些孩子就会问艾迪多大了，他就向他们解释说，艾迪已经死了。如此一来，那些爱刨根问底的孩子就又会丢出一大堆问题。因此，他写了这本书，向这些孩子们讲述他失去爱子后的心路历程。

故事从罗森的一幅自画像开始。他本来就长着一张滑稽的脸，昆廷用歪歪扭扭的线条勾勒出一个更滑稽的微笑。但正当你想笑的时候，却看到这样一段文字：

> 这是我伤心的样子。
> 也许你觉得我看着挺高兴。
> 其实，我是强颜欢笑。
> 因为我想人们不喜欢看到我难过的样子。

然后，气氛急转直下。

从文字中，你能读出罗森的痛苦与克制——他的儿子当时只有18岁，死于急性脑膜炎。他以简单而诗意的语言敏锐地捕捉住一个父亲在经历丧子之痛时那种复杂而冲突的情感：爱、愤怒、震惊、恐惧、渴望、失落、绝望……

然后，像剥洋葱一般，他一层层剥开悲伤的不同灰度与形状——在街上走着走着突如其来的悲伤，在最快乐的时刻里潜藏着的悲伤，像乌云一样笼罩着让人无可脱身的悲伤……

昆廷·布莱克的画也一改往日的明亮、喜悦和疯狂，而变得潦草、阴郁，透着一种无比虚弱的落寞感。那样令人揪心的线条与色彩，让你怀疑他在画这本书时是否也在经历着某种形式的丧亲之痛。

有时候，悲伤无边无际，
到处都是，无处可逃。

然后，我看起来就是这副样子。没有办法。

我最伤心的，是想起我儿子艾迪的时候。我非常非常爱他，但他还是死了。

几年前，我曾经采访过一位叫乔治·伯纳诺的美国心理学家，他专门研究人类在面对人生变故或逆境时的心理状态。他告诉我，人类的心灵在面对各种可怕的变故时，绝非如我们想象的那么脆弱，而是有很强的弹性和适应力。但是，悲伤仍然有着极为重要的进化意义——在失去一个生命中非常重要的人之后，你的心智必须适应他已不在的现实。“悲伤将你的注意力暂时由外部世界转到内心，让你专注于理解和接受这个事实，重新校准对生活的期待，以及自己在这个世界中的位置。”

那么，孩子呢？他们需不需要这样的调整与适应？一直以来，我们总是倾向于低估孩子心灵的弹性，也低估他们理解复杂情感的能力。挫折、灾难、离别、死亡，这些人生的黑暗面固然不是他们生活的日常内容，但人为什么活？怎样活？为什么会死？怎样去死？这些问题他们却未必不关心，或者不需要关心。

有时候，这件事情让我觉得很愤怒。我对自己说，“他怎么能就那样死掉呢？他怎么可以让我这么伤心？”

艾迪什么话都没有说。

因为他已经不在了。

有时候我想找个人倾诉，比如我妈妈，告诉她发生的一切。但她也不在了。所以，我只好找到别人，向他们诉说。

有时候我什么都不想说，无论对谁都不想说。我只想自己一个人静静地想，因为这悲伤是我的，不是任何人的。

有时候，因为伤心，我会做一些疯狂的事情——比如在淋浴的时候大声吼叫。

有时候我很伤心，但不知道为什么。

就像一片云飘过来，把我裹住。

不是因为艾迪走了，

不是因为妈妈走了，

只是因为。

我曾经试图寻找一些不那么痛苦和伤心的方法。下面是其中一些：

我告诉自己："伤心事人人都有，我不是唯一一个，也许你也有一些。"

每一天，我努力做一件让自己觉得自豪的事情。然后，当我上床睡觉的时候，我非常非常努力地去想那一件事情。

我告诉自己："伤心与可怕不是一回事。"
我伤心，但并不可怕。

每一天，我都尝试做一件让自己快乐的事情，它可以是任何事情，只要不让别人感到不高兴。

悲伤在哪里？

它在每一个角落里。

它会来找到你。

悲伤在什么时候？

它在每分每秒里。

它会来找到你。

悲伤是谁？

它是每一个人。

它会来找到你。

我喜欢这本书，是因为它不矫情、不感伤，没有假想的温情，也不给出任何陈词滥调式的救赎，而是以绝对的真实面对自己内心所经历的一切。一个人的心灵能承载多少的爱，就必然要承受多大的痛——作者以最大的真诚向孩子讲述这一关于人生的真相。

这样的真相，孩子能理解多少？会如何理解？我不知道。但作为经历过变故与伤痛的成年人，我知道这本书中还有一部分是专门为我们保留的。就像日本儿童文学家柳田邦男所说的，人的一辈子有三次读童书的机会，第一次是自己是孩子的时候，第二次是自己抚养孩子的时候，第三次是生命即将落幕，面对衰老、疾苦、死亡的时候，我们都会出乎意料地从童书中读到许多可以称之为新发现的深刻意义。

最终，绝大部分人都能从失去的悲伤中恢复过来。按照那位心理学家的说法，一旦哀悼结束，我们将更容易回忆起那些关于逝去的亲人的美好回忆。所以，从某种角度来说，悲伤的结束，并非关系的终结，而是关系的重建。就像C. S.刘易斯在回忆录中描述妻子去世后的心情："当我还在悲痛中时，我失去了她，因为无法好好回忆她。直到我从悲哀中复原，我又重新找到了她。"

附：推荐书单

1.《瓶子里的心》/奥利弗·杰夫斯

一直以来陪伴小女孩一起探索世界、分享心情的爸爸去世了，伤心的小女孩决定把心收进坚固的玻璃瓶里，挂在脖子上。她的心从此不再受伤害，但也不再对世界充满好奇与热情。直到她长大成人，在海边遇见一个和她小时候一样对世界充满好奇的小女孩……

2.《再见，莫格》/朱迪斯·克尔

莫格累极了，她想一直睡下去，可她还剩一点儿醒着。

其实，莫格在第一页就已经死了，但她认为托马斯一家不能没有她，所以以灵魂的形式出现在托马斯的家中。

托马斯一家刚开始非常伤心，但是他们很快把注意力放到了新

来的小猫身上，尽管这只小猫什么都害怕。在莫格灵魂的帮助下，小猫融入了新家，它学会了怎么去爱托马斯一家，同时被托马斯一家所喜爱。当看到托马斯一家和小猫相处融洽，莫格的灵魂欣慰地飞向了太阳。

朱迪斯·克尔在初为人母时画了一本《老虎来喝下午茶》。《再见，莫格》则是她年近八旬时的作品。

3.《爷爷有没有穿西装？》／阿梅丽·弗里德

在 3 岁小孩布鲁诺的眼里，死亡是很庄严、神圣的时刻，因为，爷爷此时穿上了西装，系上了领带，皮鞋还擦得锃亮，而且就这样“睡着”了。在平时，一定是穿了西装不睡觉，睡觉时不穿西装。大人告诉小布鲁诺，这身打扮是为了告别，为了葬礼，因为爷爷要睡过头，不再醒来了。死，就是在一个雨天里睡着了。

4.《时间的皱折》/马德琳·英格

麦格·莫瑞（Meg Murry）的科学家爸爸在研究一个名为“四度空间”的政府项目时莫名失踪。四度空间是一个时空裂缝，她爸爸正是通过这个裂缝穿越到其他星球与一个实体（一团掌控整个宇宙的黑云）作战。故事的最后，麦格的弟弟也被另一个实体所控制，为解救

弟弟，麦格必须证明她比其他任何人都更爱他。故事的最后一部分对于成人而言最为悲伤。许多人都曾有过类似感触，都曾奢想过以恰当的方式对那些已经失去的人表达他们的爱意。

5.《通往特雷比西亚的桥》／凯瑟琳・佩特森

这是两个11岁的小孩杰西和莱斯利的故事。杰西和四个姐妹住在乡下农场，莱斯利是刚搬来的邻居。起初，杰西并不喜欢他，但后来他们发现彼此志趣相投，渐渐成为朋友。为了躲避生活中的烦忧，他们在泰瑞比西亚树林里建起了一个想象中的王国。一天，杰西丢下莱斯利和他喜欢的一位老师去看画展，莱斯利则独自前往“特雷比西亚王国”，却不慎淹死在河里。这个突如其来的巨大转折让所有人为之心伤。

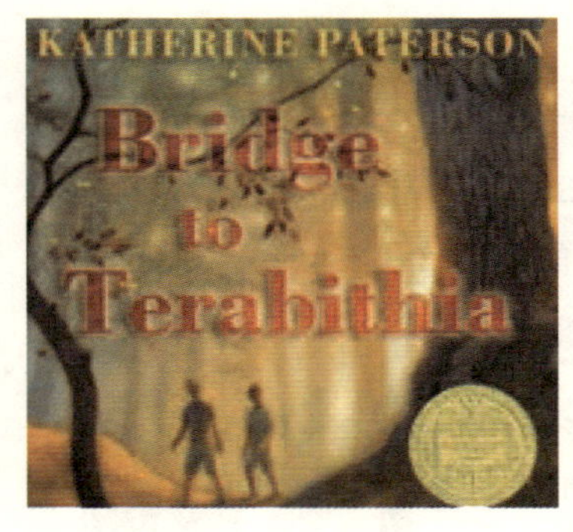

在撰写这个故事之前，作者凯瑟琳·佩特森儿子的朋友在海滩遭闪电击中而死。

6.《永远爱你》／罗伯特・马修

罗伯特·马修的这部经典之作讲述的是一个将儿子抚养成人的母亲的故事。故事中，妈妈的歌声伴随着孩子的每一个成长阶段，即使宝贝一天天长大，她仍是一如既往地搂着他，轻轻地唱着：

我永远爱你，
我永远疼你，
在妈妈的心里，
你是我永远的宝贝。

在故事的最后，孩子搂着将要死去的妈妈，也为她唱起了这首歌。这是一个简单而感人的故事。

马修的妻子曾两次生下死婴，马修悲痛之下创作了这个故事，并借以此书作为孩子的死亡赞歌。起初，这不过是马修的私人作品，并未打算将其出版。但后来由于他经常现场朗诵或背诵此书，他逐渐意识到这本书对观众的触动极大，因此决定将其出版。在美剧《老友记》中，乔伊也曾经在爱玛的生日宴会上朗诵这本书，感动全场。

7.《绒毛兔》／玛格丽·威廉斯

一只绒毛兔子被当作圣诞礼物送给一个男孩，但它并不想和其他礼物一样，仅仅只是作为主人的玩具而存在，它期盼得到男孩的爱。一个老玩具告诉它："如果有个小孩爱你很久很久，不只是跟你玩，而是'真的'很爱你，你就会变成真的。"这只兔子最后成为男孩的最爱，但男孩却在这个时候患上了猩红热，所有玩具都要烧掉。幸运的是，仙女把兔子救走了。后来，男孩在野外看到一只兔子，像极了他最爱的绒毛兔。

哦，去他的，该死的大扫除！
——给成年人的一份童书书单

“人的一辈子有三次读童书的机会，第一次是自己是孩子的时候，第二次是自己抚养孩子的时候，第三次是生命即将落幕，面对衰老、疾苦、死亡的时候，我们都会出乎意料地从童书中读到许多可以称之为新发现的深刻意义。”

——日本儿童文学家柳田邦男

两年前生下小虫，听到他的第一声哭声，我立刻想到了《柳林风声》中河鼠和鼹鼠在柳林月下听到的神秘音乐。虽然书中解释那是潘神的箫声，但我总觉得那风声代表了一些更抽象、更复杂、更神秘的东西，隐隐有死亡的阴影与不安，但又蛰伏着生命的希望。

我小时候没读过绘本。那时候的小人书都是连环画，内容也大都是非常坚硬的东西，《薛刚反唐》《水浒传》《桃园结义》以及地下党智胜国民党特务之类的故事。

上大学的时候，在学校附近的一家书店里看到一套包装极为精美的《彼得兔》绘本，小小的本子，盈盈一握，精致的纸张，淡彩溢开，心里暗暗惊叹觉得世上怎么会有这么美的书？那套书定价不菲，300 多块钱够我们当时一个月的伙食，一时没舍得买，就这样错过了。

也是从大学时代开始看《花生》漫画。那时候，初次离家，独自在一个陌生的城市，读的又是自己很不喜欢的专业，内心苦闷沮丧，觉得惶惶然找不到出路。有一段时间，我每天坐在图书馆阅览室明亮的窗边，一格格地看着查理·布朗和他的朋友们的童年。其实，除了史努比，我觉得《花生》里所有的孩子都不是孩子，而是苦闷的成年人，过着和我一样没有出口的人生——老好人查理·布朗一次次被人嘲笑他的大脑袋，一次次光顾在露西的 5 分钱心理诊所摊子，一次次为他的橄榄球、风筝和红头发女孩忧伤；聪明如莱纳斯，却走到哪里都要抱着一条毯子；假小子薄荷帕蒂永远得不到一个“A”，也没法让查尔斯对她倾心；爱发脾气的露西一次次地向施罗德示爱失败……“生活就是会被从好梦中粗暴地惊醒。”史努比如此总结。

为什么当时觉得《花生》具有如此的抚慰人心的力量呢？如今回想，《花生》之所以是《花生》，不是因为什么甜美温馨的友谊，而是因为作者舒尔茨真实地展示了日常生活简单平静的表面之下残酷与痛苦的暗流错杂，但他展现得如此轻描淡写，那样幽默的线条和诗意的文字，使痛苦变得可以忍受，让你觉得怒气是好玩的，没安全感很可爱，而悲伤也可以是温暖的。舒尔茨是一个孤独的人，但他让这个孤独的世界变得至少不那么孤独。

“我做什么事情都有内疚感。”查理·布朗说，他在海滩边，往海里扔了一颗小石子，旁边的莱纳斯评价说：“扔得不错。那石头花了 4 000 年才爬上岸，现在你又把它扔回去了。”我也一样。找不到出口的成年人沉浸在同样没有出口的《花生》里，难道不是逃避，或者自欺欺人吗？

我最热爱的童书大都是在我成年之后陆陆续续找来读的——E. B. 怀特的《夏洛的网》《精灵鼠小弟》, A. A. 米尔恩的《小熊维尼》, C. S. 刘易斯的《纳尼亚传奇》、肯尼斯·格雷厄姆的《柳林风声》，当然，还有罗尔德·达尔所有的书……

我在出差去南非的飞机上读完了《哈利·波特与混血王子》，同行还有一位《人民文学》的编辑，对读《哈利·波特》的成年人表示了无情的鄙视，我只好偷偷摸摸地把书藏在《购物指南》下面读完，并把书留在了开普敦的一家酒店。

有很长一段时间，阅读童书是我耻于向人承认的秘密爱好。不仅因为有幼稚病和小清新的嫌疑，而且很容易被人当成是逃避现实的懦夫，不敢直面惨淡的人生。直到我怀孕后，读童书突然成了一件理所当然的事情。

冬天的夜晚，我挺着个大肚子爬到床上，带着大大的傻笑和毫无内疚的自由心灵，翻开各种版本的《柳林风声》。E. H. 谢泼德（E. H. Shepard）画中的河岸波光潋滟，河鼠与鼹鼠悠然自得地享受阳光下的野餐，獾先生家里暖暖的火炉边上，它们穿着条形睡衣，窝在舒适的沙发里喝茶，桌上摆满可爱的瓶瓶罐罐……谢波德更著名的绘本其实是米尔恩的《小熊维尼》，没有人能像他那样捕捉那种小世界里纯粹的、不掺任何杂质的喜悦。而格雷厄姆的文字也是完美的典范，是绿色与金色的结合，就像在“秋光中回忆夏天”。

对格雷厄姆来说，河岸是永远的避难所。他 5 岁丧母，父亲借酒浇愁，一蹶不振，最后只能将他交给乡下的外祖母抚养。外祖母家就在泰晤士河畔，那是童年时代他唯一能够获得宁静的地方。格雷厄姆文化课和体育成绩都相当出色，原本计划在牛津大学读书，却因家境问题当了银行职员。他在银行的事业发展相当好，到 39 岁已经当上了英格兰银行的秘书长，但一场离奇的枪击事件（一个精神病患者无缘无故跑到银行向他开了数枪）之后，他再次退避到童年时代的河岸，在老船、野餐和长长的漫步中创作了《柳林风声》。

我一直知道，这本书最初是格雷厄姆给儿子（昵称“小耗子”）写的睡前故事，如果遇上出远门，他就会把故事写在信上寄给他。后来我才知道，原来这样美好的故事背后是一段非常悲哀的现实。

那个昵称“小耗子”的小孩叫阿拉斯泰尔，刚出生就有一只眼睛是瞎的，另一只有明显的斜视，而且性情狂躁诡异（很可能是自闭症患者），有人猜测《柳林风声》中那个热情过度、反复无常、行为躁狂的癞蛤蟆就是以他为原型，而格雷厄姆创造这样一个角色很可能带着对儿子的警示。

格雷厄姆娶了一个歇斯底里的古怪女人，婚姻很不幸福，于是他将所有的爱都投注到儿子身上。他坚信自己的孩子是个天才，通过各种关系一路送他上伊顿、牛津，但到 20 岁的时候，阿拉斯泰尔还是卧轨自杀了——他小时候喜欢在汽车开过来的时候玩“死人游戏”，但这一次列车没停下来。

听到阿拉斯泰尔的死讯时，他在牛津大学的导师说：“此生于他如牢笼。”我很难理解，他听着那样美好的故事长大，为何现实人生竟然是这样的结局？在他死后，格雷厄姆又能继续退避到哪里去呢？

格雷厄姆的时代正是英国儿童文学的黄金时代。1902 年，波特小姐的《彼得兔》出版；1904 年，詹姆斯 · 巴里《彼得 · 潘》的舞台剧第一次上演；两年后，伊迪斯 · 内斯比特的《铁路边的孩子们》出版；1908 年，《柳林风声》出版。

波特小姐一生孤独，寄情于动物、农场与湖区风景。她 31 岁第一次谈恋爱，却以悲剧收场——婚事遭到父母的反对，爱人订婚一个月后就因白血病去世。

詹姆斯·巴里娶了一个有钱太太，但婚姻并不幸福。他一直喜欢孩子，却没有子嗣，所以整天在公园里为小孩子们讲故事或和一只圣伯纳犬合作表演戏法。在写《彼得·潘》之前，他用另一个故事——《被抛弃在黑湖岛的男孩》——图文并茂地向我们展示了自己对海盗游戏的痴迷，尽管当时的他已经年届40，功成名就。

世人皆知伊迪斯·内斯比特的丈夫不忠，生意破产之后又长期生病，她便一直靠卖文为生，写诗、写小说，以及无数故事和“卖钱文章”。她生了3个孩子，又收养了丈夫的几个私生子，而自己的第4个孩子生下来是个死胎，在埋他的时候，她久久不肯与那孩子的尸体分开。

我想，幻想和想象一定在某种程度上治疗了这些作家在现实人生中的伤痛。就像史努比作为一只小猎犬，手中握的牌实在是烂，但它以一次次的幻想——老虎、老鹰、山狮、鲨鱼、海怪、大蟒蛇、食人鱼、企鹅、吸血蝙蝠、王牌飞行员、著名外科医生——将一副人生烂牌打得风生水起，妙趣横生，别管它到底是什么意思。

一直以来，我以为童年是一个阶段，一段不成熟的时光，它存在的意义就是为以后更重要的人生做准备。只要我足够努力，就会变得睿智、强大，能够洞悉人生的意义。但现在我更倾向于认为，成长是一个不断失去，而不是不断获得的过程。失去天真，失去好奇心，失去想象力，失去人生的各种可能性。或许，孩子比我们更懂得生命的意义，因为他们忠于自己的本心，做自己热爱的事情。

在《柳林风声》的开头，鼹鼠本来在自己又低又矮的小屋子里大扫除，但春天的气息飘荡在天上地下和他的周围，带来一种神圣的，令人感到不满足和渴望追求什么的精神，使他突然间扔掉刷子，说：

“哦，去他的，该死的大扫除！”对我来说，童书大概就是类似于那种让人蠢蠢欲动的春天的气息，正是这种气息让我们偶尔放下手中的刷子，对种种无奈和限制说：“哦，去他的。”或许就此开创出人生的一片新局面来。

附：给成年人的一份书单

1.《活了一百万次的猫》/佐野洋子

凡是有人怀疑人生，追问人生的意义，我总想推荐他去读《活了一百万次的猫》。一只活了一百万次的猫，它的无数前世曾经属于国王、小女孩、小偷、老太婆……每次轮回它都受到主人的宠爱眷顾。一百万个人在这只猫死的时候哭过，但它连一次也没哭过。“活着”对它来说只是漫长而无意义的时间的深渊，它既不珍惜，也不留恋。终于，在活了一百万次之后，它不再是别人的猫，而是成了一只属于自己的野猫。它获得了自由。这一次，它爱上了一只美丽的白猫，它们在一起生活，一起养育了许多小猫。它学会了爱，也学会了被爱。最终，当白猫死去时，虎斑猫悲痛欲绝，号啕大哭。哭啊哭啊，哭了一百万次。然后，它终于死了，静静地躺在了白猫的身边。它再也没有起死回生，但它的生命已然完整。

2.《小熊维尼》/A. A. 米尔恩

《小熊维尼》是一个带点老庄意味的趣味童话。百亩林里从来不会发生什么惊天动地的事情：一次平凡的远征，在森林里四处串门，被莫须有的长鼻怪吓得魂飞魄散……这样的慢慢悠悠、磨磨蹭蹭，无所事事，对成年人而言未免过于奢侈，但对孩子来说却是再自然不过的生活态度。所以，每次重读《小熊维尼》，都像是从岁月那里重新偷回了一点点时光，把日子拉得老长老长。

一次历险结束之后，粉红猪问维尼熊："你每天早上醒来，对自己说的第一句话是什么？"

"早餐吃什么呢。"维尼回答说，"你呢，小猪？"

"我会说，不知道今天会发生什么有趣的事情呢？"粉红猪回答道。

维尼想了想，说："都是一样的事情。"

读到这里，哪个成年人不是又快乐又心酸，暗自希望百亩林的历险永不结束呢？

3.《失落的一角》/谢尔·希尔弗斯坦

一个圆缺了一角，它一边唱着歌一边寻找。有的角太大，有的又太小，它漂洋过海，历经风吹雨打，终于找到了最合适自己的那一角，它们组成了一个完整的圆。但圆却发现自己不再快乐，原来寻找缺失的一块的过程，比真正拥有它更幸福。于是它轻轻放下已经找到的一角，又独自踏上寻找的征途……

希尔弗斯坦以最简洁有味的线条和文字，阐释了一则关于"失去"与"拥有"、"完美"与"缺憾"的寓言。你觉得这是关于爱情，关于婚姻，还是整个人生？

4.《老虎来喝下午茶》/米迪克·克尔

有个小女孩叫索菲，有一天，她正和妈妈在厨房里喝下午茶，突然，门铃响了。原来是一只老虎。它吃掉了冰箱里所有的食物，喝掉了所有的水，然后离开了，再也没有回来过。

这是一个平淡而怪异的故事，平淡得好像什么都没有发生，但书中那只花斑大老虎的意象却又怪异之极——在这个“神秘的陌生人”身上，有人看到天真，有人看到荒谬，也有人看到惘惘的威胁。比如著名童书作家迈克尔·罗森就认为“老虎”是作者朱迪斯·克尔潜意识里的希特勒，强取豪夺，打破一个孩子舒适的生活常态（克尔在幼年时代曾因受纳粹迫害继而举家逃难）。

我不觉得一个母亲为两岁多的女儿编写的睡前故事会有这么恐怖的潜意识。事实上，这是妈妈们最爱读给孩子们听的故事，读多少遍都不会觉得厌烦，恰恰因为作者用一个如此平淡的故事就将我们骤然甩出日常情境八千里之外，即使作为成年人，也被这种异想的力量所折服。原来只要想象所及之处，再平淡的一个下午，也可以有如此的奇遇。

为什么孩子要读经典？如何读？——一位耶鲁文学教授的童书清单

在一个信仰缺失的时代，至少阅读能让人的心静下来，慢下来。孩子的成长能够优雅一点，从容一点。

人生而有限，精力有限，书却太多，哪些值得读，哪些需要放弃，便成为一个重要的问题。耶鲁大学的文学教授哈罗德·布鲁姆（Harold Bloom）教授终其一生都在试图解答这个问题。他在年近古稀时曾写过一本《如何读，为什么读》，谈论自己从童年到晚年喜爱的诗、小说、戏剧，并为成年人阅读西方经典提供了一些基本法则。

孩子的阅读是否也应该有经典的概念？如果是，哪些可以算作经典？在今天这个阅读变得越来越"过时"的新媒介时代，作为大人，我们可以做些什么，应该做些什么，以鼓励一种对阅读的倾向性与热情？

对于这些问题，布鲁姆教授的回答是这样的：

“用最冷酷实用的方法来说，阅读好书可以让他们长成对自己对他人而言都更有趣的人。只有通过变成一个对自己对他人而言都更有趣的人，一个人才能真正发展出独立和独特的自我。所以，一个孩子若要成为一个真正的个体，看电视、玩游戏、听摇滚，是办不到的；只有在书的陪伴下，在威廉·布莱克或者A. E. 豪斯曼的诗的陪伴下，在北欧神话的陪伴下，在《柳林风声》的陪伴下，他们才能成为一个真正独立的个体。”

在布鲁姆教授为孩子开出的经典书单中，排在第一位的是《柳林风声》——“一本可以推荐给0~100岁的所有人的书”。

“我至今记得我的姐姐给我读这个故事，让我心碎了无数次，也让我警醒文学的价值。”他还提到自己32岁的儿子给他打电话诉苦，说一个人住在纽约的公寓楼里，楼很老，天花板很高，“觉得自己就是住在蛤蟆公馆里的癞蛤蟆”。

事实上，《柳林风声》也是我个人的最爱，尤其是配合E. H.谢泼德的插画。格雷厄姆的文字是完美的典范，而没有人比谢泼德更能捕捉那种小世界里纯粹的、不掺任何杂质的喜悦——河岸波光潋滟，河鼠与鼹鼠悠然自得地享受阳光下的野餐，獾先生家里暖暖的火炉边上，它们穿着条形睡衣，窝在舒适的沙发里喝茶，桌上摆满可爱的瓶瓶罐罐……他们的文字与绘画是绿色与金色的结合，就像在“秋光中回忆夏天”。

布鲁姆教授的书单中还包括路易斯·卡罗尔的所有作品（尤其是《镜中奇缘》）、爱德华·利尔的《荒唐书全集》、罗伯特·史蒂文森的

《儿童诗园》与《金银岛》、路易莎·梅·奥尔科特的《小妇人》，以及A. A.米尔恩的《小熊维尼》。不难看出，大都是19世纪下半叶到20世纪初欧美儿童文学黄金时代的作品。现代作家中，他只推荐了莫里斯·桑达克的《野兽国》，认为其魅力不仅在绘画，在文字风格上也堪称大家。

传统童话他推荐了安徒生、格林兄弟以及北欧神话集。但他认为最适合孩子阅读的童话，乃是苏格兰诗人安德鲁·朗格改编的童话集。他的经典之作是《蓝色童话》，之后他又陆续出版了许多童话集，总称为《朗格彩色童话集》。

西方一位著名教育家曾这样评价安德鲁·朗格改编的童话："如果孩子们的世界里没有那神奇美丽的童话，他们的生活将不可想象；如果这座童话乐园里没有安德鲁·朗格所编写的童话，他们的童心就得不到完美的塑造。"

布鲁姆教授一向认为，莎士比亚是人类有史以来最伟大的作家，他甚至写了一本书叫《莎士比亚：人的发明》，认为莎士比亚"发明"或"重新发明"了人性、人类的情感。虽然孩子可能还无法欣赏莎士比亚的原著，但他认为，兰姆姐弟（Charles and Mary Lamb）改编的《莎士比亚戏剧故事》既忠实于原著的精神，又适合孩子阅读。他还强烈主张让孩子阅读诗歌，比如威廉·布莱克和A. E.豪斯曼的诗。"也许他们读不懂，但没关系，"他说，"诗歌自有一种召唤的力量。"

吉卜林的《丛林之书》、马克·吐温的《康州美国佬大闹亚瑟王朝》、沃尔特·司各特爵士的《艾凡赫》，大仲马的《三个火枪手》及其续集《二十年后》，这些是他为年纪稍长，10岁以上的孩子推荐的。

布鲁姆教授称自己在15岁时热衷于阅读《基督山伯爵》、儒勒·凡尔纳和乔治·威尔斯的科幻小说、G. K.切斯特顿的推理小说，以及《福尔摩斯探案集》，虽然他承认 65 岁重读《福尔摩斯探案集》时觉得文字并不那么好。

至于 15 岁以上的孩子，他认为应该阅读 J. R. R. 托尔金的《霍比特人》（虽然他认为《指环王》的文学价值被高估了，因为其道德训诫的意味太浓），另外 J. D. 塞林格的《麦田里的守望者》也是一部真正的杰作，真实、感人，令人心酸，虽然也有令人不安的地方。

书单列完了，如何阅读呢？如果想让自己的孩子爱上阅读，父母能做些什么呢？

布鲁姆教授说："我想，父母唯一能做的，恐怕就是温柔和耐心，适时地提供一些建议。比如你可以说，亲爱的，今晚我们关掉电视，让我给你念一本《儿童诗园》吧。或者，我坐在这里，给你读一则北欧神话，或者《柳林风声》，也许你会很喜欢的。让我们老派一晚上。虽然听起来有点可悲，但这是我唯一能建议的。"

附：

2006 年，英国皇家文学学会（RSL）邀请英国三位大作家——《哈利·波特》的作者 J. K. 罗琳、《黑暗物质》系列的作者菲利普·普尔曼，以及英国桂冠诗人安德鲁·莫申，分别为儿童推荐书目。如下所列，仅供参考。

1. J. K. 罗琳推荐书目：

《呼啸山庄》（艾米莉·勃朗特）

《查理和巧克力工厂》（罗尔德·达尔）

《鲁宾孙漂流记》（丹尼尔·笛福）

《大卫 · 科波菲尔》(查尔斯 · 狄更斯)

《第 22 条军规》(约瑟夫 · 海勒)

《杀死一只知更鸟》(哈珀 · 李)

《动物庄园》(乔治 · 奥威尔)

《两只坏老鼠的故事》(毕翠克丝 · 波特)

《麦田里的守望者》(J. D. 塞林格)

《哈姆莱特》(威廉 · 莎士比亚)

2. 菲利普 · 普尔曼推荐书目:

《魔法师的帽子》(托芙 · 扬松)

《埃米尔擒贼记》(埃里希 · 凯斯特纳)

《神奇的布丁》(诺曼 · 林塞)

《老舟子行》(斯蒂芬 · 柯勒律治)

《野兽国》(莫里斯 · 桑达克)

《斯彭斯歌谣》(*The Ballad of Sir Patrick Spens*)

《撒母耳记上 · 第 17 章》(《圣经》中大卫和歌利亚的故事)

《罗密欧与朱丽叶》(威廉 · 莎士比亚)

3. 安德鲁 · 莫申推荐书目:

《奥德赛》(荷马)

《堂吉诃德》(塞万提斯)

《哈姆莱特》(威廉 · 莎士比亚)

《失乐园》(约翰 · 弥尔顿)

《抒情歌谣集》(斯蒂芬 · 柯勒律治和威廉 · 华兹华斯)

《简 · 爱》(夏洛蒂 · 勃朗特)

《远大前程》（查尔斯 · 狄更斯）

《一位女士的画像》（亨利 · 詹姆斯）

《尤利西斯》（詹姆斯 · 乔伊斯）

《荒原》（T. S. 艾略特）

极客精神，从宝宝开始？——看《连线》杂志的编辑老爹们如何为自己的孩子挑选童书

去年，扎克伯格在Facebook（脸谱网）上贴出一张给自己刚出生的宝贝女儿读《宝宝的量子物理学》的照片，虽然从照片看，小宝宝麦克斯对着那本书睡得很香甜（也恰如其分地道出了我们所有人的心声），但名人效应之下，这套书还是瞬间火了，还迅速推出了中文版。我的一个朋友一时心热，给自己5岁的儿子买了一套（除了《宝宝的量子物理学》之外，还有《宝宝的牛顿力学》《宝宝的量子纠缠学》等），打算提前给儿子灌输点儿硅谷的“极客精神”。

谁知一读之后大失所望，对花出去的200多块多有心痛，“不过是非常粗浅的入门知识，”她说，“完全没有想象中的那种神奇效果嘛。”

我上网查了一下，这本书的作者叫克里斯·费利（Chris Ferrie），是澳大利亚的一个物理学博士，书是写给他3岁的女儿看的。他的想法很简单，在孩子的成长过程中，让他们在一个舒适的语境中接触和熟悉这些科学概念，而不是被这些概念吓到。他的儿子刚开始学说话的时候也在读这本书，“电子”是他最早学会的词汇之一，而他最开始说的句子里有一句就是“电子有能量”。

一个两三岁的孩子能理解“电子有能量”这样抽象的概念吗？我不知道。但是，这件事情让我想到这样一个问题：很显然，扎克伯格这样的硅谷极客们正在接管世界，但他们怎么将这种精神传递给下一代呢？他们在孩子的床前读些什么书呢？

于是，我找到了这样一份书单——几年前，《连线》（*Wired*）杂志请编辑部里已经做了父亲的编辑们列出他们曾经给自己的孩子读过的书（一共67本）。我认真研究了一下这份“极客2.0”书单，发现其中不少是非常经典的童书，比如《指环王》《纳尼亚传奇》《哈利·波特》。

在《纽约客》的一篇人物特写里，特斯拉的创始人埃隆·马斯克就曾经提到在南非的童年时代经常被人欺负，J. R. R.托尔金的幻想小说和艾萨克·阿西莫夫的科幻小说是他的避难所。

这些书为什么对极客有着如此强大的吸引力呢？

除了故事本身的魅力之外，大概还

因为书中的英雄们经常感到一种拯救世界的责任，而在现实生活中，这些极客们也总是憋着一股劲儿想要做一些了不起的事情，比如小小地改变一下世界。

在那篇文章里，马斯克还提到他在12岁到15岁期间曾经感到一种存在的危机，他读了很多的尼采和叔本华，试图寻求生命的意义，但毫无所得。最后，他读到了《银河系漫游指南》。在这本科幻小说中，一个具有高度智慧的跨维度生物种族为了寻找生命、宇宙以及任何事情的终极答案，专门建造了一台超级计算机——“深思”（Deep Thought）进行计算。“深思”花了750万年来计算和验证，最后得出了“42”这个答案。

这个故事让他意识到，最难的不是找到答案，而是如何准确地提出问题，或者“组织”（phrase）问题。“从某种角度来说，我们对宇宙了解越多，就能越好地知道应该提什么样的问题。”

在《黑客与画家：硅谷创业之父保罗·格雷厄姆文集》中，硅谷创业之父保罗·格雷厄姆曾经写道，他所理解的极客精神，其实是一种求解的精神，“他们对于这个世界存在的问题，在追求‘解决问题’过程中产生的精神愉悦与享受”。

无论寻求的是问题，还是答案，我们姑且将对这种探寻过程的执着定义为“极客精神”的核心吧。带着这样的定义再来看这份书单，你会对选择背后的深意有更多的理解。

比如为什么是《造梦的雨果》？

布莱恩·塞兹尼克（Brian Selznick）曾经在一次采访中提到自己在写《造梦的雨果》时，自我怀疑得很厉害。这是一个古怪的故事，一个寄宿在巴黎火车站钟楼的孤儿，迷恋着机械和法国默片。“虽然我热爱这些元素，但谁会有兴趣读这样的故事呢？现在已经没有人看默片了，孩子更不会看法国默片。”

但最终，他还是把故事写了下去，因为这是他的故事，“你只能忠实于那些对你来说最重要的东西”。

到最后，你会发现，这个故事其实探索了极客们热爱的多个主题，包括梦想、发明、冒险，以及如何面对和理解一个对你来说如此神秘、陌生、复杂的世界？

我最心爱的作家之一谢尔·希尔弗斯坦一共有5本书入选。按照推荐这套书的编辑说：“没有一个现代诗人能像谢尔那样捕捉童年的想象力与玩心。”但我想，他之所以为极客所热爱，还因为他看世界的角度和我们如此不同，比如这首《倒影》：

> 每当我看到水中
> 那个家伙头朝下，
> 就忍不住冲他笑哈哈，
> 但我本不该笑话他。
> 也许在另一个世界，
> 另一个时间，

另一个小镇，
稳稳站着的是他，
而我才是大头朝下。

英国作家罗尔德·达尔也有好几本书入选，这让我意识到其实达尔的很多主角都是极客，比如《查理与巧克力工厂》里的威利·旺卡根本就是一个大发明家。

在这份书单之外，还想再加上几本我认为很能体现“极客精神”的童书，比如《飞鼠传奇》是年轻的德国作家托本·库曼的处女作，讲德国汉堡一只嗜书如命的小老鼠想尽办法，穿越重洋，寻找新生活的故事。

作者将自幼以来对飞机、蒸汽火车和机械设备的痴迷都画在了这本书里，但更重要的是，小老鼠以一种完美的极客精神应对来自外在世界的各种问题和挑战——捕鼠器、猫咪和猫头鹰……

《爸爸的机械鱼》(*Papa's Mechanical Fish*)也是一本非常可爱的书，讲的是19世纪发明家罗德纳·菲利普斯(Lodner Phillips)的故事。有一天，菲利普斯带着一家人去钓鱼，女儿无意间问了一个问题：“爸爸，你有没有想过身为一条鱼是什么样

子的？”这个问题启发了爸爸，于是他发明了一艘潜水艇，并带着全家人在密歇根湖底来了一次美妙的野餐。

最后加上一本《了不起的杰作》，这本书的主角是一位小小女极客。这本书对于“极客精神”着墨更多的，不是关于创造的乐趣，而是其中的挫折感，以及失败的价值——除非你一次次从不同的角度重新尝试，重新思考，重新检查问题，否则无法获得成功。

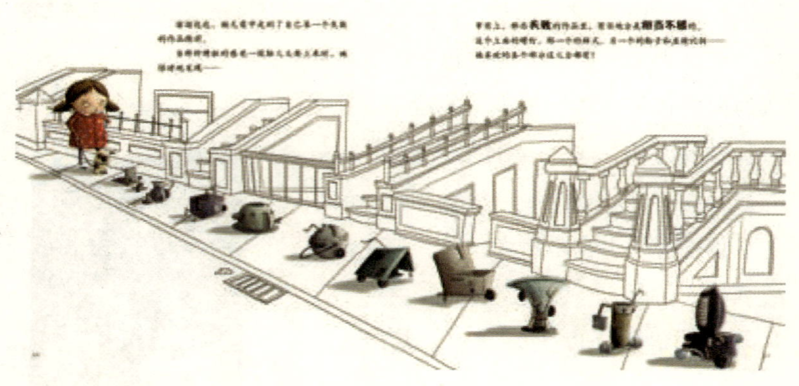

附：每个极客应该给10岁以前的孩子看的67本书

《造梦的雨果》/ 布莱恩 · 塞兹尼克

《柳林风声》/ 肯尼斯 · 格雷厄姆

《爱德华的神奇旅行》/ 凯特 · 狄卡密欧

《人行道的尽头》《爱心树》《阁楼里的光》《往上跌了一跤》《什么都要有》/ 谢尔 · 希尔弗斯坦

《哈利波特与魔法石》/ J. K. 罗琳

《公主新娘》（*The Princess Bride*）/ 威廉 · 戈德曼

《终结者游戏》/ 奥森 · 斯科特 · 卡德

《霍比特人》《指环王》/J. R. R. 托尔金

《鬼妈妈》/ 尼尔 · 盖曼

《半个魔法》《湖边的魔法》/ 爱德华 · 伊格

《阿拉贝尔的乌鸦》/ 琼 · 艾肯

《彼得与摘星人》(*Peter and the Starcatcher*) / 戴夫 · 巴里，里德利 · 皮尔森

《猫鼠奇缘》(*The Amazing Maurice and His Educated Rodents*) / 特里 · 普拉切特

《借东西的小人》/ 玛丽 · 诺顿

《坟场之书》/ 尼尔 · 盖曼

《蓝胡子船长的 13 又半条命》/ 瓦尔斯 · 莫尔斯

《宇宙的卡通史》(*The Cartoon History of the Universe*) / 拉里 · 戈尼克

《丹尼与作业机器》(*Danny Dunn and the Homework Machine*) / 艾琳 · 米勒

《小屁孩日记》/ 杰夫 · 金尼

《哈罗德与紫色蜡笔》(*The Adventures of Harold and the Purple Crayon*) / 克罗基特 · 约翰逊

《疯狂科学家俱乐部》(*The Mad Scientists Club*) / 波特兰 · 布林利

"珀西 · 杰克逊和奥林匹亚英雄" 系列 / 雷克 · 莱尔顿

《行家》(*Savvy*) / 英格丽 · 劳

《坏蛋克星史瑞德曼》(*Shredderman*) / 文德琳 · 范 · 德拉安南

《纳尼亚传奇》/ C. S. 刘易斯

《浪漫鼠德佩罗》/ 凯特 · 迪卡米洛

《遥远的冒险》（*Far Flung Adventures*）/ 保罗 · 斯图尔特，克里斯 · 里德尔

《老鼠和他的孩子》（*The Mouse and His Child*）/ 罗素 · 霍本

《费里斯比夫人和尼姆的老鼠》（*Mrs. Frisby and the Rats of NIMH*）/ 罗伯特 · 奥布赖恩

《潘德威克一家》（*The Penderwicks*）/ 罗伯特 · 奥布莱恩

《神奇收费亭》/ 诺顿 · 贾斯特

《玩具出走》（*Toys Go Out*）/ 埃米莉 · 詹金斯

《月夜仙踪》/ 林珮思

《寻找乌德拉》（*The Search for Wond La*）/ 托尼 · 地特里尼

《詹姆斯与大仙桃》《查理与巧克力工厂》/ 罗尔德 · 达尔

《墙上有钟表的房子》（*The House With a Clock in Its Walls*）/ 约翰 · 贝莱尔斯

《四年级的无聊事》（*Tales of a Fourth Grade Nothing*）/ 朱迪 · 布鲁姆

《夏洛的网》《精灵鼠小弟》/ E. B. 怀特

《银色桂冠》（*The Silver Crown*）/ 罗伯特 · 奥布赖恩

《洞》（*Holes*）/ 路易斯 · 萨齐尔

《橘色奇迹》（*The Big Orange Splot*）/ 丹尼尔 · 平克华特

《大草原上的小房子》（*Little House books*）/ 劳拉 · 槐尔特

《铁路边的孩子们》/ 伊迪斯 · 内斯比特

“塞普蒂默斯 · 希普”系列（*Septimus Heap series*）/ 安吉 · 塞奇

《天才神秘会社》（*The Mysterious Benedict Society*）/ 特伦顿 · 斯图尔特

《但尔司屈里尔之屋》(*The House of Dies Drear*) / 弗吉尼亚 · 汉米尔顿

《罗拉克斯》(*The Lorax*)《绿鸡蛋与火腿》(*Green Eggs and Ham*) / 苏斯

《一个很长很长的名字》(*Tikki Tikki Tembo*) / 阿琳 · 摩泽尔

《小熊维尼》/ A. A. 米尔恩

《亲爱的小熊》/ 埃尔斯 · 霍姆伦德 · 米纳里克

《时间的皱纹》/ 马德琳 · 恩格尔

《糊涂女佣》(*Amelia Bedelia*) / 佩吉 · 帕里什

《厨房之夜狂想曲》(*In the Night Kitchen*)《野兽国》/ 莫里斯 · 桑达克

《好奇的乔治》/ 玛格丽特，H. A. 雷

《青蛙与蟾蜍》《猫头鹰在家》(*Owl at Home*) / 阿德诺 · 洛贝尔

《亨利与玛吉》(*Henry and Mudge*) / 辛西娅 · 赖兰特

"大红狗"系列 (*Clifford*) / 诺尔曼 · 伯德韦尔

"亚瑟小子"系列 / 马克 · 布朗

"朱尼 · 琼斯"套装 (*Junie B. Jones's First Boxed Set Ever*) / 芭芭拉 · 帕克

《一个完全不同的故事》《又一个不同的故事》(*A Whole Nother Story and Another Whole Nother Story*) / 卡斯波特 · 索普

《巴兹尔 · 弗兰维勒太太的混乱档案》(*From the Mixed-Up Files of Mrs. Basil E. Frankweiler*) / E. L. 科尼斯堡

想要读懂一篇童话，你得拥有99岁的智慧

安徒生的《影子》讲了一个很古怪的故事。

一个来自寒带的学者，到了一个阳光灿烂的热带地区。以前，学者的工作是些“关于天真、关于善、关于美”的文章，但谁也不愿意听这类的事。到了热带以后，强烈的阳光把学者的影子变成了故事的主角，它脱离了主人，跑进“诗神”的宫殿，从那里出来之后，它就变成了一个“人”。它声称自己看到了一切，并且懂得了一切，还指责它的主人没有看清这个世界的真相。

然后，这个自称洞悉了人间之真相的影子，以诡计诱惑学者与它一起旅行，一路上不着痕迹地将自己与原来的主人掉了包——影子成了主人，而主人成了影子。然后，与所有童话故事一样，他们遇到了一位公主，这位公主以“目光锐利”著称，却轻易为影子所骗。他们举行了盛大的婚礼，学者却无缘得见，因为他早已被处决。

即使以安徒生的标准来说，这也是一个异常悲惨的结局。

这个故事被收入诗人蓝蓝编选的《童话里的世界》里。当问到安徒生那么多童话，为何偏偏选了这一篇时，蓝蓝说：“童话就像诗歌一样，其迷人之处就在于有许许多多阐释的可能。”

在她看来，安徒生也许是在谈诗歌与政治、良知、道德之间的关

系。诗歌一旦成为工具，为邪恶所利用，就会变得非常可怕。但对于影子的故事，她至今仍有许多迷惑不解之处：影子何以从“诗之宫”出来后便获得了如此巨大的能力？它所说的“我内在的天性、我的本质，以及我与诗的关系”到底是什么？仅仅是一个阴谋者的妖言惑众，还是作者另有深意？

这些“为什么”，正是她挑选这批童话的首要标准——“当一个人愿意让自己成为一个完整的人的时候，问‘为什么’是第一步。”

《万古杂志》(*Aeon Magazine*)的专栏作家达米安·沃尔特在一篇名为《大逃亡》的文章中写道，今天的我们可能面临人类有史以来最大规模的一次集体逃亡——从令人失望的现实世界撤退，穿越到恶龙、女巫、吸血鬼的幻想世界。这些纯属幻想世界的印记正从极客们的罪恶小乐趣变成大众文化的宠儿——图书、电视、电影、游戏里比比皆是。

在米安·沃尔特看来，这是当下人类社会面临的一个绝妙的反讽：在科学技术驱动之下的现代社会，崇尚理性，背离神明，拥抱现实，但技术并没有消灭我们对魔法、恐惧、神秘的强烈兴趣。我们清空教堂，紧接着就把它们改造成了电影院。《哈利·波特》和《饥饿游戏》取代了《圣经》；我们想象力的内在世界曾经是祈祷和灵修之所，现在则嵌入到了计算机构筑的数字疆域中。当所谓虚拟现实、增强现实之类的技术真正混合了现实与幻境之后，我们如何能忍受回到现实？

也许，这并不是一件坏事。人从来都是不肯接受现实的动物。我们总是以这样或那样的方式逃避现实，有时候愚蠢，有时候荒唐，但有时候也充满了奇思妙想。比如童话，一石一木，一草一树，一虫一鸟，都蕴含了语言无穷的潜力和世间万物的奇妙。这些奇思妙想虽然看似与现实完全相反，却为心灵、心智和想象的真实留出了空间。

托尔金在《论童话故事》中所提出的，童话的第一个功能其实就是“恢复”。他所谓的“恢复”是一种重新找回的过程——找回清晰的视野。这并不是说要加入哲学家们的讨论，去“看到事物的原貌”，而是试图“看到我们本应看到的样子”——这些事物是外在于我们自身的。在现实生活中由于人们对身边事物熟视无睹，万事万物都变得模糊不清了。我们需要“擦亮自己的窗户”，这样世界就会变得更清晰，我们也能从熟悉感、贫乏感和对事物的占有感之中突围。

比如《童话里的世界》里收录的第一篇故事《黑羊》，与其说是一篇童话，不如说是一则直指社会政治现状的讽刺寓言：

> 从前有一个国家，人人都是贼。这里的人们一直过着幸福的生活，因为他们互相偷窃，互不指责，互不亏欠，相安无事，没有谁要站出来破坏这里的和谐安定，因为每个人都是这一偷盗社会的受益者。直到一个诚实的人来到这里，他无力反抗这个社会的逻辑，但也不愿意违背自己的内心，最终只能饿死。

“这个故事让我惊出一身冷汗，不仅四下环顾，一边清点着自己身上属于贼的那一部分，一方面搜寻着周围出没的贼影贼形。我无法不去忍着心中绝望的痛苦，无法不去咽下那苦涩的尴尬和悲哀，大概因为我既不是一只令人尊敬的黑羊，也决不愿意当麻木变态的羊群中一只寡廉鲜耻的白羊。所以，我经常忧心忡忡地给身边的大人、孩子们讲这个故事：从前有一个国家，人人都是贼。”

“孩子也许听不懂这个故事，但作为成年人，我们应该懂，而且我们应该引导孩子们去思考，去追究，去问为什么。”蓝蓝说，“童话跟诗一样，都是培养人的敏感和想象力。有人说，善良是对他人的痛苦的想象力。经受过这样的童话的滋养，具有了这种想象力，一个人就决不会变得冷酷，也决不能忍受野蛮的生活。”

蓝蓝说自己六七岁开始读童话，但直到40岁的时候才恍然明白一个重要的道理——想要真正读懂一篇童话，你得拥有99岁的智慧。

在她看来，童话是一个神秘的套盒——你几乎永远不知道下一次再打开它时，它会有怎样熟悉又陌生的面孔。一篇杰出的童话，10岁时读和50岁读，你会感觉自己读的不是同一个故事。比如她初一读到安徒生的《海的女儿》，但直到很多年以后一个下雪的深夜，才忽然明白，小人鱼真正想要的，并不是一个王子，并不是爱情，而是灵魂的不朽。安徒生写下的，不仅是一个童话故事，而且是对救赎与神学的思考。

《童话的世界里》一共收录了30多篇童话，是她陆陆续续花费了10年时间收集而得。“都是一些可以有多重解释，能随着一个人的成长而继续生长的故事。”作者中除了安徒生、格林兄弟、宫泽贤治之外，还有大名鼎鼎的哲学家、诗人、作家、艺术家，还有科学家、博物学家、戏剧大师、演员等。其中哲思玄妙者如《儿童玩具的故事》《白猫和黑猫》，温柔深情、如诗如梦者如《蟋蟀》，有雅诺什活泼明朗、童稚可爱的《我会把你治好的》，也有宫泽贤治那神秘恐怖，读来令人毛骨悚然的如《规矩特别多的饭店》。

在《邮差的故事》中，捷克作家，现代喜剧大师卡雷尔·恰佩克以天才的想象力，将艰深的哲思转化为可以一个被孩子的想象力所捕捉的童话故事——一到夜晚，邮局就变成一个充满了秘密和未知的奇妙世界。一群留着白胡子的小矮人跑来跑去，忙忙碌碌，有的负责收信件，有的负责分邮件，有的称邮包、贴标签，有的数钞票，有的发电报……

工作完毕，小矮人就围成一圈拿信件“打牌”，而信件的价值由写信人的心意而定，比如最小的牌，两点，是说谎的信；次小的牌，三点，是公文和宣传单；四点是应酬信……衷心帮助别人的信是王后，爱人之间的情书是国王，而最大的牌则是掏出整颗心写的，像是妈妈写给孩子的信，这种牌是可以压倒一切的。更神奇的是，小矮人有一种奇特的方法可以判断这些信件的价值：没有感情的信是冷冰冰的，有感情的信则是温暖的，感情越深则摸起来越滚烫……

我个人最钟爱的则是《八点钟的挪亚方舟》，讲了一个令人笑到喷饭的故事。作者是一位德国的喜剧演员，这是他创作的第一本小说，蓝蓝觉得这是一个“极幽默、极深刻”的童话。

大洪水要来了，挪亚方舟就要起航。负责传递消息的鸽子，终于找到了最后一对企鹅，并将两张船票送给了它们。这两只企鹅展开了激烈的争论，因为它们还有一个伙伴——一个品行有点问题的小个子企鹅。最终，“种族”和“责任”让它们冒险将小企鹅藏进了行李箱，偷偷带上了船……

一次荒诞的末日旅行，一只健忘抓狂的鸽子，三只荒唐可笑、亦正亦邪的企鹅，在一次次貌似天真傻气的争吵与辩论中提出了许多重大的哲学、宗教和伦理问题：帮助朋友可以走多远？是否应该撒谎？是否可以背叛？什么才是正当的行为准则？上帝存在吗？如果存在的话，他会赞成企鹅和鸽子的爱情吗？

关于这些问题，故事里没有提供任何现成的答案，而是不断地挑战读者去思考，去探究，不接受任何的预设与成见，而且如此的幽默和好玩。

“童话是幽默的文体。它以温柔的方式洞穿真相，能解构表面上看来很冷酷的无情的东西。欧洲有一个童话，讲一个小孩跟前突然出现一个巨大的妖怪，小孩觉得很好笑，就哈哈大笑，结果妖怪变成一股烟，消失了。”

太空与南极
——两本让你的孩子爱上科学的童书

严格来说，这并不是一本关于科学的书，而是关于探险、关于勇气、关于失败，关于永不放弃的故事。但它对小读者们提出了比科学本身更重要的问题：人类为什么要探索，到底是什么力量驱使我们走到世界的尽头、茫茫的太空，甚至不惜丢失性命？我们对于未知世界这种永不停歇的好奇心到底来自哪里？

威廉·格利尔，“90后”，长了一张酷似詹姆斯·弗兰科[①]（James Franco）的脸，是凯特·格林纳威奖50年历史上最年轻的获奖者。

有没有什么书，能确保你的孩子爱上科学？

是的，比如这本《阿斯特罗猫教授的太空前沿》（*Professor Astro Cat's Frontiers of Space*）。

英国物理学家多米尼克·威廉姆（Dominic Walliman）与著名插画家本·纽曼（Ben Newman）合作的这本书，解释关于宇宙的一切，以及我们如何探索它。它会告诉你，火箭是怎么工作的，宇航服是怎么演化的，地球与周围的行星相比到底有多大。（如果地球是一枚小西红柿，水星就是一粒胡椒子，而木星则是一个大西瓜！）而且，作者并不声称自己知道所有的答案，而是将无数的问题留给了他的小读者，未来的科学家们，关于未来的空间旅行，关于外星生命存在的可能。

---

① 詹姆斯·弗兰科：美国电影演员、导演，因出演《蜘蛛侠》系列电影中的哈利·奥斯本而走红。——编者注

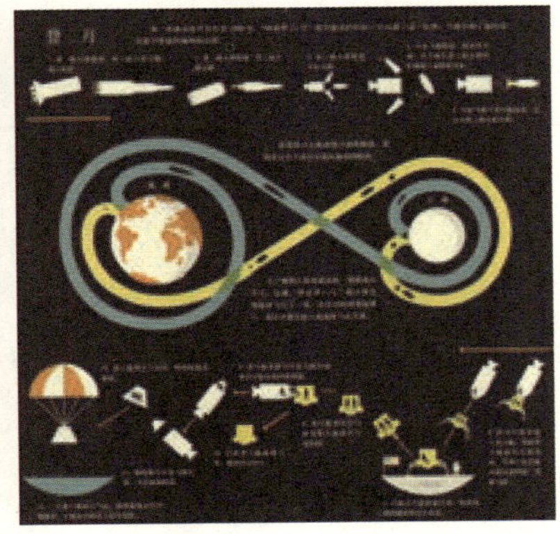

这几年，我们看到越来越多的科普童书不再简单地罗列知识，而是以机智和幽默感，以妙趣横生的插图，向孩子展示科学的魅力。但这里我真正想介绍的是这本《极地重生》(2015 年凯特 · 格林纳威金奖作品)，它讲述了 100 年前那场惊心动魄的南极探险之旅——探险家沙克尔顿带领一群队员奔赴南极，试图穿越整个大陆，但事与愿违，探险队不幸陷入绝境。他们冲破重重险阻，最终成功率领探险队员走出南极，绝境逢生。

严格来说，这并不是一本关于科学的书，而是关于探险、关于勇

气、关于失败，关于永不放弃的故事。但它对小读者们提出了比科学本身更重要的问题：人类为什么要探索，到底是什么力量驱使我们走到世界的尽头、茫茫的太空，甚至不惜丢失性命？我们对于未知世界这种永不停歇的好奇心到底来自哪里？

在南极探险的故事里，更著名的主人公不是沙克尔顿，而是罗伯特·斯科特船长。2012 年 1 月，斯科特率领探险队员乘坐“特拉诺瓦”号进行南极探险，不幸与大部分队员丧生于南极的暴风雪之中。

“斯科特虽然是个英雄，却不是一个好的领导。他的探险之旅是个彻头彻尾的悲剧，整个过程太过残酷，我看不到哪怕转瞬即逝的一点微光。”威廉·格利尔在电话采访中告诉我，“沙克尔顿三次尝试穿越南极大陆，三次失败，但他将生命置于探索之前，我觉得他是一个更了不起的人物。”

是沙克尔顿探险队的随行摄影师弗兰克·胡利（Frank Hurly）的照片刺激了威廉·格利尔创作这本书。“那些老式照相机拍出来的彩色胶片像是有魔力一般。我克制不住地凝视他们的面孔，他们的眼睛，想着这些人为什么会在 100 多年前，千里迢迢地跑到一个如此广漠荒凉的冰原？”

故事从沙克尔顿的生平开始，比如他有 10 个兄弟姐妹，排行第二；比如他不喜欢学校教育，但热衷于读书，尤其是诗歌——多年后，在南极的绝境之中，他为探险队员们朗读诗歌以振奋士气。他曾经谈到自己对南极的痴迷："那片未经探索的大陆深深根植在我的早期记忆里。"

除了沙克尔顿，探险队的每一个队员都有自己的一席之地。每一个人物看似只有一个抽象的轮廓，但其实作者花了大量的时间和精力设计独特的人物特征，比如副队长弗兰克·怀尔德总是拿着一把来福枪，因为他擅长狩猎，喜欢追捕企鹅；二副汤姆·克林负责照顾狗，所以他身边总是跟着一只小狗；手里抱着五弦琴的是莱纳德·赫西，"坚忍号"被毁之后，他的五弦琴抚慰了队员困顿疲倦的心灵……

他不断地在自己的素描本上设计一些小的细节，比如帽子、外套、围巾……

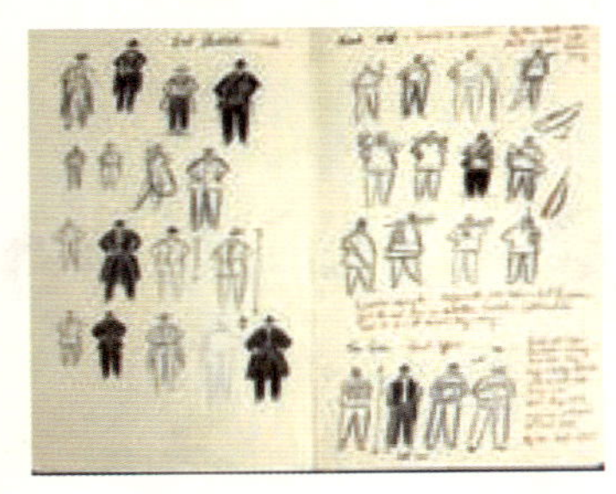

威廉·格利尔从小有阅读障碍，为了省去文字的解释，他以一种偏执狂的耐心描绘画面中每一个细节。他作为一个糟糕的读者塑造了这本书的风格：他不得不用画面来解释故事的方方面面。所以，这本书充满了视觉清单，比如“坚忍号”的建造材料、船上的装备，以及随行的69只狗等。

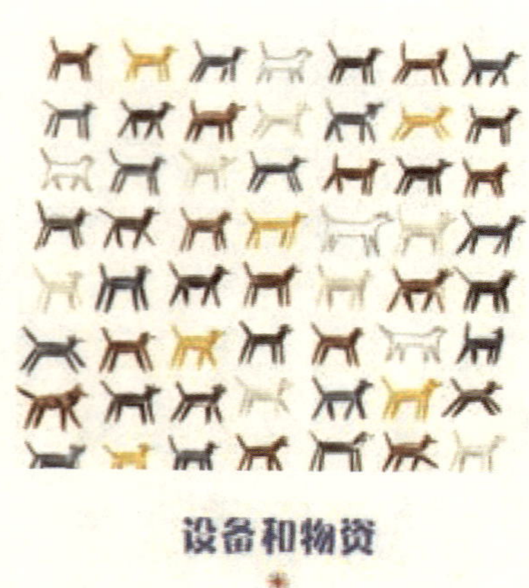

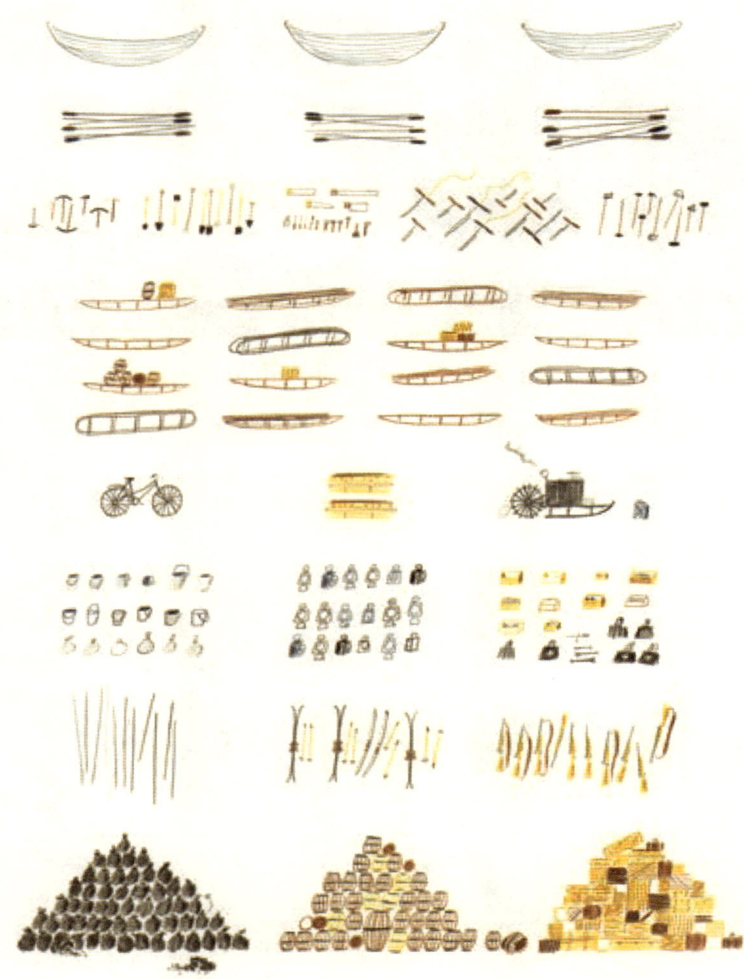

1914 年 8 月 8 日，“坚忍号”起航。这艘船最初是一艘游轮，“坚忍”二字则取自沙克尔顿的家训——“坚忍致胜”。

这幅画面展示了“坚忍号”刚刚进入威德尔海不久就遭遇的浮冰群，像一个绵延 1 000 多公里的巨大拼图。

这本书很大一部分的魅力来自于彩笔的质地。格利尔告诉我，这不仅因为他个人偏好彩笔，而且因为用它来描画这个故事恰到好处——一片发生在白色冰原上的故事，描绘在白色的纸张上，朴素、粗糙，又不乏温柔。

想象一下，一叶扁舟，漂浮在巨大的海面，距离最近的人类文明有800公里。格利尔声称自己的绘画受到经典动画片《雪人》(*Raymond Briggs*)和《种树的人》(*Frederic Back*)的影响。他想捕捉那种彩色铅笔的色调和柔和度，以大量的留白，创造一种寂静感。而且，“我希望孩子知道有那么一个历史时间里，人们会去到很远很远的地方，与家里没有任何联系——那时候的事情是多么的不同”。

葬身冰海

1914 年 10 月 27 日，“坚忍号”在坚冰中坚持了 2 400 公里之后，终于彻底被浮冰压得粉碎。

长途跋涉

12 月 23 日，沙克尔顿和队员们整理好剩余的物资，离开营地，出发寻找更安全的冰面作为营地。这是一场维持七天七夜的长途跋涉。队员和狗都付出了艰苦卓绝的努力，顶着虚弱和疲惫，拉着沉重的雪橇以超人的毅力向前迈进。

船长沃斯利仅仅利用一个小型指南针成功引领队员来到 160 公里之外的象岛。“经过 108 个小时的艰苦奋战，所有人都精疲力尽，冻成了一尊尊雕塑，双手僵成握桨姿势，动弹不得……很快，他们就成为第一批登上象岛的人。”

但是，麻烦没有结束。残酷的暴风雪持续了好几天，撕裂了画面。

沙克尔顿和队员很快意识到，不能一直停留在象岛上，没有船只会经过这里，而队员们都已经非常虚弱，身体条件不断恶化，物资供应也开始告急。他决定带一小队人前往南乔治亚岛寻求帮助，留下二副弗兰克·怀尔德照顾剩余的队员。格利尔说，这是沙克尔顿南极之旅中最让他震惊的一幕，靠一艘小船和一只小小的指南针穿越1 000多公里世界上最危险的海面。

在与狂风巨浪作战10天之后，沙克尔顿的小分队终于到达南乔治亚岛，但他们自己没有意识到自己已经到达了。沙克尔顿带了两个人一同横穿岛屿，到斯特罗姆尼斯捕鲸站寻求帮助，在穿越的过程中，他们要面对铺满碎石和坚冰的群山、茫茫雪原、深不见底的山壑与冰隙、嶙峋交错的冰川。此外，他们还要与高原反应、脱水、饥饿和体力衰竭做斗争。

经过 36 个小时不断的艰难跋涉，三个人终于到达了斯特罗姆尼斯港。

在故事的最后一页，有这样一段话："我为我和我的朋友们选择了生存，而不是死亡……我相信探索未知的世界是人类的本性，裹足不前才是真正的失败。"

十本关于父亲的经典童书

1.《我怎样学习地理》尤里·舒利瓦茨

战争年代，逃难的一家人，爸爸用仅剩的买面包的钱，买了一幅世界地图。妈妈很不理解，男孩也觉得他永远都不会原谅爸爸。但是，这幅地图却带他们看见了世界的美好，给了他们追求梦想的动力……

2.《月下看猫头鹰》/珍·尤伦

在一个无风的隆冬夜晚，爸爸带着女孩一块去拜访森林里的猫头鹰。月亮高高地挂在天空，空荡荡的雪地上，爸爸和小女孩如同置身于梦境般的宁静中，他们开始悄悄地追寻着猫头鹰的行踪。这是怎么样的一段冒险？他们能否找到向往已久的猫头鹰？

一段短短的月光下的雪夜旅程，不但展现了一对父女的浓浓情意，还细腻地刻画了小主人公从期待、不安、紧张到喜悦的心理变化过程。

3.《我爸爸》/安东尼·布朗

一个幽默而感人至深的故事。每一个笑中都带着泪。

“这是我爸爸，他真的很棒！我爸爸什么都不怕，连坏蛋大野狼都不怕。他可以从月亮上头跳过去，还会走高空绳索（不会掉下去）。他敢跟大力士比赛摔跤，在运动会的比赛中，他轻轻松松就跑了第一名。我爸爸真的很棒！”

4.《美丽星期五》/ 丹·雅卡理诺

每周五，男孩和父亲之间都有一次仪式般的约会。他们早早地出门，不管是大冷天、雪天、晴天还是雨天，他们一起看到商店开门，看到上各种各样的东西，遇到各种各样的人……然后，一起吃早餐、聊天，看窗外的人们匆匆而过……

5.《我的爸爸叫焦尼》/ 波·R·汉伯格

一个单亲家庭孩子与父亲共处一天的经过。悲伤的基调中处处渗透着温情和希望——父亲对儿子的爱，还有儿子以父亲为骄傲。

6.《小熊和最好的爸爸》/ 阿兰德·丹姆

“来，该睡觉了。”熊爸爸说。可小熊一点儿也不困。他想出去找小朋友玩。“坏爸爸。”小熊小声嘟哝着，边说边踮起脚尖悄悄溜出家门。小熊特别想知道，是不是朋友们的爸爸都这么烦。此书是献给爸爸和孩子的最温馨的故事。

7.《你睡不着吗？》/ 马丁·韦德尔

一个寒冷的冬夜，怕黑的小熊怎么也睡不着，大熊给他带来了一盏比一盏更亮的提灯，可是小熊还是害怕。他指着洞外的黑夜，说：“那里黑。”于是，大熊于是牵着小熊的手走出洞外，把他紧紧抱在怀里：“看，小熊，我把月亮给你带过来了。”

8.《那天，我用爸爸换了两条金鱼》尼尔·盖曼

妈妈出门去，家里只剩下我、妹妹，以及眼中只有报纸的爸爸。纳森带了两条漂亮金鱼来，为了换到这两条金鱼，我翻遍所有宝藏。想不到，能换到金鱼的只有爸爸！妈妈回家后，东窗事发。我只好带着爱打小报告的妹妹去纳森家换回爸爸。然而，爸爸却不在纳森家?!

9.《了不起的狐狸爸爸》/罗尔德·达尔

狐狸爸爸带领家人与博吉斯、邦斯、比恩三个饲养场主之间的斗争经历。在这场并非势均力敌的较量中，狐狸一家处于绝对劣势，狐狸爸爸凭着自己的智慧、勇敢、坚韧，最终化险为夷，使狐狸全家和其他动物都过上了幸福平安的生活。

猎人在奇境：童年阅读开启的异度空间

沙人：床前故事的起源

安徒生童话中有一个“沙人”的故事。沙人在夜晚来到孩子的窗前，将带有魔法的沙子洒进他的眼睛，但不会疼，因为善良的沙人喜欢孩子，他只想让他们安静下来，然后他能给他们讲故事。

在西方，许多故事中都可以见到“沙人”，小孩就会入睡、做梦。所以，他是一个类似“睡神”“梦神”那样的人物。但安徒生的沙人代表了床前故事作为一种现代仪式的诞生——故事是梦的内容，是孩子从清醒坠入睡眠的奖赏和诱惑。

这种仪式反映出了父母的双重愿望：一方面他们希望把故事当作一种镇静剂，靠它将精力充沛、好奇心旺盛的孩子变成安静的、昏昏欲睡的小动物，训练他们良好的睡眠习惯；同时又希望这些故事的魔力能让他们心醉神迷，并由此增进与孩子之间的情感。沙人完成了不可能的任务——一方面让小男孩乖乖入睡，另一方面又想用美刺激他，让他在奇妙的冒险中获得了巨大的快乐。但事实上，此后几百年来，“睡前故事”所蕴涵的权威和亲密、纪律与纵容、平静与冒险之间的矛盾一直是父母最重要的焦虑来源之一。

火堆——黑暗中的光

瓦尔特·本雅明在《讲故事的人——尼古拉·列斯科夫作品随感》（1936年）一文中说，讲故事的人“早已成为某种离我们遥远——而且是离我们越来越远的东西了”，因为与讲故事这种古老技艺和生活方式成为可能的环境（社会、文化、经济）消失了。比如，讲故事多发生在讲者和听者都相对休闲，或者做一些琐碎的家务，如修理工具、缝补衣服、看管孩子等，这种时候人的心灵处于一种比较松弛的状态——

“如果睡眠是肢体松弛的顶点，百无聊赖则是精神松懈的巅峰。百无聊赖是孵化经验之卵的梦幻之鸟，枝叶婆娑之声会把它惊走。它的巢穴是与百无聊赖休戚相关的无所为而为，这在大都市已绝迹，在乡村也日趋衰竭。随之而来的是恭听故事的禀赋不存，听众群体失散。”

如果无聊是滋养故事的沃土，那么无法入睡的孩子显然构成了故事的最佳听众。很多童话故事都是从一个无聊的孩子开始的——爱丽丝在河畔读一本书，然后打了个盹，恍惚间跟着一只兔子进了神秘的地下世界（《爱丽丝漫游奇境》）；小乔治无聊得简直要流泪，于是想出了一个计划，给姥姥发明一种神奇的药水，要么把她彻底医好，要么轰掉她的天灵盖（《小乔治的神奇魔药》）；米洛觉得一切都很没劲，什么也不想做，哪儿也不想去，甚至不想睁开眼，直到有一天，他收到一个紫色的收费亭（《神奇的收费亭》）。

美国学者帕特里夏·迈耶·斯帕克斯（Patricia Meyer Spacks）曾经提出，我们所理解的“无聊”是18世纪才发明出来的，是一种“现代性的病症”。这段时间恰恰与历史学家所定义的“童年的发现”（即童年是人生一个特殊阶段，有自己的物质文化与精神需求）相互重合，这只是一种历史的偶然吗？还是背后有更深刻的原因？

如果将睡前故事的渊源再往前推，推到更远古的时代，一天的劳作之后，无论男女老少（那时候孩子被视为“小大人”，属于“不完美的成年人”），一起围坐在火堆边，一边做琐碎的家务，一边聊天闲谈，关于林中潜藏的怪物，如何躲避他们，关于天真与诱惑，关于邪恶与同情。除了逗笑娱乐之外，这也是人们传播、传承、汲取知识的重要途径，按照科学家的说法，人类之所以到达食物链的顶端，正是因为我们分享信息。火光那么明亮、美丽，四周却是闪动的阴影——在哈佛大学教授玛利亚·塔塔尔看来，这种“黑暗中的火光”是童话的“点燃”力量的最佳隐喻，而光与暗的对比，美与恐惧的碰撞，造成孩子心灵上的强烈震撼，正是对童话之魔力的最好诠释。

在童话里，你经常能看到美与恐怖以一种古怪的方式交织在一起。“百万道金箭指向的梦幻岛”上竟有一个藏在鳄鱼肚子里的闹钟，嘀嗒嘀嗒地提醒着时间的流逝和死亡的逼近；谁能想到夏洛特用晶莹的露珠织出“可爱与神秘”几个字的那张美丽的网上，曾经有无数昆虫丧命？美艳无方的库尔特夫人竟是可怕的饕餮头目，到处诱拐儿童，将他们与自己的精灵残忍地割开；在安徒生的《卖火柴的小姑娘》的结尾，小姑娘蜷缩在墙角，脸颊红似玫瑰，嘴唇上还带着微笑，她已经被冻死了。新年的太阳升起来了，照在她小小的尸体上，手中还捏着一把烧过了的火柴梗；还有波特小姐看似温暖诗意的故事之下挥之不去的种种死亡阴影——松鼠纳特金惹恼了一只猫头鹰，差点被剥了皮，可怜的费雪先生去钓鱼，却几乎被鱼吃掉，汤姆小猫差点被老鼠做成了布丁，傻鸭子遇到邪恶的狐狸，还被撺掇着找做烤鸭的调味料。这些都是相当骇人的残酷。

童话对美的呈现常常是抽象的、模糊的。比如在对公主的描写中，你不会读到对她的面部的细节特写，而是一种抽象的形容词（精致的，可爱的，迷人的），她们笼罩在一种朦胧的光芒之中（金子和宝石织成的衣衫，玻璃鞋），以及众人“痴迷的目光”。一切美丽的东西闪闪发光，但你得不到任何具体的细节，只能透过这一切去想象。就像在《迎向灵光消逝的年代》中所解释的“灵光”——“静歇在夏日正午，沿着地平线那方山的弧线，或顺着投影在观者身上的一截树枝，直到‘此时此刻’成为显像的一部分，这就是呼吸在那远山、那树枝的灵光……”当人物沉浸在这种灵光之中时，其实是有更多的想象空间的。

瓦尔特·本雅明本人是一位著名的童书收藏者（据说有200册之多，包含安徒生、豪夫童话的稀见版本在内），他理解光影和色彩对儿童的吸引力，他曾经在一篇论述童书的文章中列过一个有助于儿童进行想象性沉思的玩具清单：肥皂泡、水彩、贴纸和魔术灯笼制造的图像。这个单子其实还可以列得更长。我记得小时候是多么地渴望触摸到白云，踩着彩虹过桥，或者从冬天口中呼出的雾气里找到什么神秘的暗示。

在童话故事里，“美”虽然是抽象的，“恐怖”则常常是具体而生动的。在格林兄弟版的《白雪公主》中，邪恶的继母被迫穿上滚烫的铁鞋跳舞至死。夏尔·佩罗的《灰姑娘》里，为了穿上玻璃鞋，她的一个姐姐砍断了自己脚趾头，另一个姐姐削掉了自己的后脚跟，最后在婚礼上，鸽子还啄出了她们的两只眼睛。《壮松树》讲了一个让人毛骨悚然的故事，一个男孩被继母杀死，被做成肉泥给他的父亲吃，父亲还称赞了这道菜的美味。姐姐把他的遗骨埋在一棵壮松树下，以泪水灌溉，男孩重生为一只美丽的鸟儿，然后又变回了男孩。

童话并不只是教化真善美，而是直面人生的真相——没有什么是神圣或禁忌，深入人性的病理，那里潜藏着的我们最深的焦虑和恐惧，翻腾着暴力、死亡、虐待、乱伦、复仇和可怕的惩罚。事实上，在“童年”的发现之前，童话里这些黑暗元素很重要的一个功能就是吓唬小孩，为了让他们听话，守规矩。但与此同时，童话又通过魔法和幻想为听者和读者提供了一个安全的出口——手可以被砍掉，也可以被重新装回去；孩子的喉咙可以被割开，但也可以因为眼泪的灌溉而复活；驴皮里的女佣原来是金发的美丽公主；阁楼里受尽屈辱的灰姑娘穿上了最美丽的华服和水晶鞋，最终嫁给了王子。这些奇妙的命运逆转中包含着对人类一些基本价值观的肯定，比如公正、善恶有报等，所以，无论奇遇多么荒诞或可怕，当最终的圆满结局到来时，我们的喜悦和忧伤一样强烈、动人。

布鲁诺·贝特尔海姆（Bruno Bettelheim），认为童话对孩子的心理健康非常重要。因为在现实世界中，总是大人操纵孩子的世界，掌握事件的解释权，他们极少和孩子讨论这些现实（有关社会怎么运转，大家怎样应对），还常常藏着掖着。通过童话，孩子得以和最令人不快或最恐怖的现实面对面较劲，然后释然。他反对父母向儿童“解释”童话，他认为，任何解释和阐释都会破坏童话的魅力机制，因为它剥夺了孩子成功应对一个困境的良好感觉。

事实上，根据很多童年回忆录，从父母口中听到吃人的怪物、致命的火龙，绿色的女巫，孩子的第一反应通常是欢乐，而非忧郁或恐惧。因为那是一个安全的空间，讲故事的父母可以随时调节暴力的程度，而且残暴情节的展开过程——大灰狼，杀人的继母，兄弟的背叛等，常常充满悬念和疑惑，很容易激发一种智力上的好奇心，让他们进入一种类似于侦探剧的解谜状态。

当然，还是会有一些恐怖的内容让现代父母感到困扰，所以现代的童话作家倾向于以幽默、反讽、滑稽等手段加以软化。罗尔德·达尔的《女巫》是从一段“关于女巫的话”开始的，告诉读者一个真正的女巫将所有的时间都花在“阴谋消灭她本地的孩子”上面——“整天从早到晚，她所想的就是只有这个。即使在超市当出纳员的时候，或者给老板打一封信的时候，或者开高级汽车到处兜风的时候，她心里仍然一直在燃烧和沸腾着这种嗜血的杀人念头，并盘算、策划着她的杀人行动”。

在《绿野仙踪》中，多萝西遇到铁皮人，铁皮人需要一颗心脏，因为他被一个施了巫术的斧头砍掉了自己的左腿，又砍掉了右腿，然后是手臂和脑袋，然后又是身体被切成了两半——他的身世自述中有一种就事论事的语调，让人更多感到的不是血腥残忍，而是滑稽的笨拙感。

《爱丽丝梦游奇境》里有一个酷爱砍人头的红桃皇后，《彼得·潘》里也有一个时时挥舞着武器的虎克船长，但这些反派人物大都游走在恐怖和滑稽之间，虽然偶尔能吓到小读者们，但他们举动幼稚荒诞，又让人觉得不足为惧。爱丽丝兴奋地尖叫出声，因为公爵夫人甩了红桃皇后耳光，而且用一句“胡说八道”粉碎了她的恐吓；彼得·潘的死对头虎克船长一方面因为要“保持形象”而使战斗力大大下降，一方面又狗急跳墙，不顾形象地连啃带咬。《野兽国》里麦克斯想回家了，野兽们挥舞着爪子大哭道：“别走啊，我们要吃了你，我们好爱你。”

5年前，玛利亚·塔塔尔在《纽约时报》上发表过一篇《世上再无梦幻岛》的评论，她忧心忡忡地指出，随着成年人的焦虑越来越侵入原本只为孩子们创造的童话，那个美丽、诡异、生机勃勃的世界正变得越来越血腥和冷酷，而且这种阴影很难被魔法或故事中的喜剧因素冲淡。故事中的孩子们不再是为成长烦恼，而是为生存挣扎。就像尼尔·盖曼的《坟场之书》，这本书荣获了2009年美国儿童文学最高奖项—— 约翰·纽贝里奖章。翻开第一页，读者们就会看到这样的句子："黑暗中有一只手，这只手上握着一把刀。"而在接下来的几段中，这把刀便结束了3条生命，并正准备插入第4个人的咽喉。苏珊·柯林斯的《饥饿游戏》里，女主人公凯特尼斯必须通过杀人才能在竞技场活下来，而她杀的人不再是梦幻岛或者仙境里的那些大怪物，而是和她一样的小孩。

大卫·丹比在《纽约客》上的一篇影评里说，《饥饿游戏》其实是在讲现代超负荷高中生活的日常焦虑：不断地被成年人品头论足、欺凌弱小、拉帮结派，以及大学入学考试的创伤。如果再过度阐释一点，你还能看到整个资本主义的寓言——残酷竞争导致的赢家通吃逻辑，而《饥饿游戏》可以是这个逻辑的合理结局。更糟糕的是，我们似乎看不到救赎的希望——当凯特尼斯终于被从竞技场中救出，成为防抗者的领袖人物时，却发现这个阵营一样的道德暧昧，残酷的游戏并没有停止。

儿童文学的责任是教育孩子关于他们所生活的世界，包括那些令人不快的真相，还是保护他们不受这些真相的伤害？这一问题的答案取决于我们的社会和文化如何定义"儿童"、"童年"，以及"成长"。但可以肯定的是，如果童话没有设置一个安全出口，或者失去了逆转命运的魔法，就像黑暗过于浓重的夜色终于吞噬了微弱的火苗，童话的魅力也随之消失。

猎人与奇境

玛利亚·塔塔尔耗费10年时间，写成一本《着魔的猎人：童年故事的力量》，探讨了儿童如何与故事交互，当孩子进入到不同媒介创造的奇境世界时到底发生了什么？

她用“着魔的猎人”来形容孩子阅读一个故事时的精神状态——好奇、精力充沛、着迷。“着魔的猎人”最初是纳博科夫用来形容亨伯特对洛丽塔的追求，它不断地出现在故事里，从一部戏剧的名字，一个旅馆的名字，一首乐曲的名字，但它真正所指的其实是《洛丽塔》的读者——他们沉迷在纳博科夫语言的魔力之下，就像一个着了魔的猎人，执着地追寻着通往禁忌和迷醉之地的入口。

同样，每当一个孩子打开一本书，也就推开了一扇通往“奇境”的门。作为读者，他并不是以一个代入者的姿态，而是以旁观者、旅行者的姿态——文字和图片构成了一个象征性的世界，在这个象征性的世界里，他在好奇心的指引下自由探索和玩耍，或者解决他们在真实世界里遇到的问题，其中最切实的一个问题就是，如何排遣一个人躺在黑夜中睡觉的寂寞和恐惧？尤其对幼儿而言，与母亲的分离本身就已经够让人忧郁和焦虑的了，更何况是当他一个人躺在黑暗之中，几乎是一种接近于死亡的状态？

在一次主题为“论童话故事”的演讲中，托尔金说，上帝创造“第一世界”，童话奇境就是人类创造的“第二世界”。为抵抗发生在这个“堕落的”第一世界的罪过，需要在第二世界里复原人类已然丧尽的天良。第二世界是第一世界的反映，却又与之不同。它不是美丽而单纯的“谎言”，而是另一种“真相”。作为一种艺术形式而言，它是一种更高级的，而且几乎是最纯粹、最强大的形式。

在没有CG[①]技术，没有游戏引擎、虚拟现实头盔、超高清大屏幕的时代，一切幻境均靠文字营造。在最好的作家笔下，寥寥几个字，就让我们穿过兔子洞和魔衣橱，你立刻就能嗅到异域世界中魔法的气息——“多奇怪啊”，爱丽丝看到一个瓶子，上面扎着一个纸签，用漂亮的大字写着“喝我”(《爱丽丝梦游奇境》)；那里白雪皑皑，荒无人烟，露西一个人在雪地上走着走着，遇上了长着山羊蹄子的羊人(《纳尼亚传奇》)；今晚没有月亮，而哈罗德需要月亮才能散步(《哈罗德与他的紫色蜡笔》)……

托尔金曾经用“精灵的工艺”来形容语言的奇妙力量——它既可指现实世界中的一石一木、一草一树、一虫一鸟，也可以无中生有地创造出一个狮子飞行、孩子变老鼠、大象搬家去巴黎的奇境世界。就读者而言，虽然明知那些奇异的色彩、光线、气味、声音不过是文字搭建出来的纸牌屋，却终究在他们心中幻化成一座座钢铁城堡，成为一个坚固而持久的世界的一部分。从这种角度来说，文字本身就是最神奇的魔棒，是它将我们的恐惧、喜悦与欲望幻化成怪兽、魔法和风景。而一个孩子能从奇境中获得的最大的收获就是，意识到语言本身就是一种强大的创造工具，控制语言就可以解决他们人生中的许多麻烦和问题。

狄更斯发明过一个很妙的单词——“Moor-effoc”，其实就是“Coffe-room”的反写，只有当从玻璃门里向外看时这个词才会呈现在人们眼前。这个词被G. K.切斯特顿借来，用以描述当视角变换时，原本平淡的事物突然产生的怪异感。“奇境”之“奇”，很多时候就是

① CG：CG是Computer Graphics的缩写，指利用计算机技术进行视觉设计和生产，它既包括CG技术，又包括CG艺术，几乎涵盖了利用计算机技术进行的所有视觉艺术创作活动。——编者注

因为这种Moor-effoc式的反转或变形，使一切熟悉的日常之物突然变的陌生……比如《汤姆的午夜花园》中，当主人公汤姆第一次打开午夜花园的门，让月光洒进来，“那样皎洁明亮，像早晨太阳没有完全升起时的明亮的白光”。

有时候是尺寸的变化，像安徒生的拇指姑娘——“她的摇篮是一个漂亮的胡桃壳，她的垫子是蓝色紫罗兰的花瓣，她的被子是玫瑰的花瓣。白天她在桌子上玩耍，在这桌子上，那个女人放了一个盘子，上面又放了一圈花儿，花的枝干浸在水里。水上浮着一片很大的郁金香花瓣。拇指姑娘可以坐在这花瓣上，用两根白马尾作桨，从盘子这一边划到那一边。”

现代绘本出现之后，作家有了更多新鲜的媒介和方法来表现奇境的奇妙感，文图结构、色彩搭配、开本大小、画面尺寸、色调变化、留白等等，都可以用来创造与众不同的视觉和心理效果。比如波特小姐在《彼得兔》里创造的，就是一个奇妙的微缩世界。据说她曾经把《彼得兔》的画稿拿给6家出版社看过，但一一遭到拒绝，因为她坚持要用14.5cm×11cm的小开本，她认为这个尺寸刚好是孩子手的尺寸，他们可以自己握着读，也可以偎依在母亲身边读，给人一种很温暖的感觉。

如果借用塔塔尔的“火光”隐喻，绘本在其130多年的历史上无限丰富和扩大了火光的形态和亮度，从而为孩子提供不同层面的心理慰藉和认知震撼。

《晚安，月亮》是一本简单到极至的绘本——全书只有一个场景，就是一个绿色的大房间，穿着条纹睡衣的小兔躺在床上，对房间里的每一样东西说晚安。红绿黄的配色非常大胆，乍看上去很唐突、怪异，但渐渐地，随着夜晚光线的变化，房间里每一个物件似乎都变得沉静和凝重起来，有一种逐渐把人引入睡眠边缘的魔力。即使在如此宁静、坚固、仿佛时间停滞的气氛里，钟表的指针仍在前行，从7点走到8点，随着夜色逐渐加重，台灯渐暗，屋子里的东西也渐渐变得昏暗起来，然后月亮升起，小兔渐渐失去意识，沉入梦乡。但柔美的月色和星光仍然提醒读者，故事给予我们“黑暗中的光明”的力量，并给孩子信心，一个新的一天会到来。

插画家克雷门·赫德去世的时候，一位纽约《时代周刊》的编辑这样写道：“有些东西的魔力是用语言无法形容的，就像《晚安，月亮》……有多少小孩子穿着宽大的睡衣，仰着刚刚洗过的脸蛋，在克雷门·赫德先生营造的梦幻般的夜晚甜甜睡去？又有多少父母在为自己孩子讲故事的同时，也被那种奇异的氛围所感染？”

如果说，父母给孩子读的第一本绘本就是为了驱逐他们对黑暗的焦虑，瓦解对睡眠的抵抗，将睡前时间变成亲子纽带。那么，下一个阶段，即4岁以上的孩子对睡前时光的要求就不止于此了，他们渴望的，不再是宁静，而是冲突、戏剧性、幽默和恐惧，总之是一场荡气回肠的冒险，以释放他们过度充沛的能量。

桑达克的每一本绘本里也都有月光，不过更狂野，更神秘，更像是一切幻想的源头。他相信幻想的疗伤作用，所以他的绘本总是从一个发脾气的孩子开始，以一个满足的孩子结束，中间则是一个似真非真、似梦非梦的异度空间，在那里，孩子以狂野的想象力对抗自己在现实世界中累积的恐惧、愤怒、恨、嫉妒，以及挫折感。

在儿童绘本作家中，桑达克是一个奇才，一个怪胎，也有人说他是绘本130多年的历史中最伟大的作者。他最喜欢做的事情就是吓唬小孩子。在他的绘本里，孩子总是被置于各种危险的境地。《野兽国》中，小男孩麦克斯虽是野兽之王，但随时有被野兽吃掉的可能；

《厨房夜狂想曲》中，小男孩米奇被厨师误当成牛奶，差点在烤箱里烤成蛋糕；《在那遥远的地方》中，女婴米莉被5个小鬼绑架，而她的姐姐一开始根本不想救她。在他看来，童年是人生最没有安全感的一个阶段。你没有能力保护自己，甚至不能指望父母。所以，作为作家和画家，他总是在画一个孩子遇到一个问题，并以这样或那样的方式解决了这个问题，白日梦、幻想、疯狂的想象力就是他提供的武器——创造一种假的生活来保护自己。

多年来，探讨桑达克绘本的心理学论文堆积如山。在心理学家看来，桑达克最大的成就，是让我们真切地看到儿童内心强烈的挣扎，那些被压制的，或者无从表达的，对于自己，对于所爱的人的焦虑、恐惧、愤怒。并且，他向孩子证明了，夜间恐惧最好的解毒剂不是通过哭闹要求父母介入，而是坚忍地退到一个想象的世界里，在那里，他们能独自掌控自己的生活和情绪。

莫里斯·桑达克生前最后一次接受采访，说自己正在写一首关于鼻子的诗歌，“年轻的时候我害怕写荒唐的东西，但现在年纪越大，反而顾忌越少”。《爱丽丝漫游奇境》《梦幻岛》《野兽国》都是对“荒唐”（nonsense）的诗意拥抱。这种状态在康德而言是“在无秩序的自由中蕴含着丰富的想象力”。正因为如此，奇境有时候比真实世界感觉更真实，更完整——世界应该是这个样子的啊。有多少孩子在内心深处把自己当成是纳尼亚人，而不是英国人、美国人、德国人？在菲利普·普尔曼的《黑暗物质》系列中，人的灵魂化为动物形状的异性精灵伴随一生，这里面似乎有一种极为自然的东西，以至于我们合上书的时候奇怪为什么身边没有一个精灵？

奇境归来的战利品

“我们阅读的书，与我们遇到的人或者去过的城市没什么区别。”诗人戴那·乔亚（Dana Gioia）说，“有些书、有些人，有些地方无足轻重，有些则改变了我们的生活，还有一些为我们注入了某些想法或者情结，从而影响了我们的未来。”

一个人在童年时代听过的，读过的故事到底有多重要？或者说，一个孩子到底能从童年的故事中得到多少心理或认知上的益处？这是一个不可能量化，也太过功利的问题。不过，美国哲学家玛莎·努斯鲍姆（Martha Nussbaum）曾提出过一个很有趣的概念——“叙事性想象力”，即一个人想象关于他人，以及这个世界的故事的能力，她认为这是作为公民最基本的一种道德能力。她说，当父母给一个小孩子讲故事的时候，他就已经开始在学习获取这种能力。哪怕是一首最简单的童谣，比如“一闪一闪亮晶晶，天上都是小星星”，他不仅会为星星美丽的光芒感到好奇，还会想象那颗星星背后也许有着某种内在世界，某种神秘的东西，和他自己一样。由此，他学会如何将生命、情感和思想投射到外部世界，并随着他的长大变得越来越成熟。

事实上，塔塔尔认为，即使没有得到智力或者情感的锤炼，“着魔的猎人”也会从奇境世界带回一些“战利品”——也许是在你成年后的某一天，那些故事中的某个细节，某句话，每个画面，就像某种深埋在记忆灰烬中的火花一样，突然点亮你的大脑，让你人生中的某段记忆或故事重新浮出水面。就像心理学家唐纳德·温尼科特（D. W. Winnicott）提出的“过渡性客体”，即婴儿的第一个“非我的所有物”（the first not-me possession），它们最早出现在孩童的玩耍中，不是母亲给予的，而是他们自己发现或创造的，比如一条毯子、一件旧衣服、柔软的玩偶或是呀呀儿语、不断重复的动作。它们甚至比母亲重要，是儿童“几乎无法切割的一部分”。

如何欣赏一场童书插画展？
——博洛尼亚童书插画展侧记

如果说我有什么不同寻常的才华，那决不是我比别人画得好，而是我能记得别人早已忘却的事情：童年时代某个特定瞬间的声音、感觉与图像，以及其中的情感质地。——莫里斯·桑达克

“巧遇世界上最美的插画——博洛尼亚童书插画展”在国图开展的第一天，我看到一个六七岁的小姑娘站在一幅画前，像着了魔一样。我问她，这幅画有什么好的？

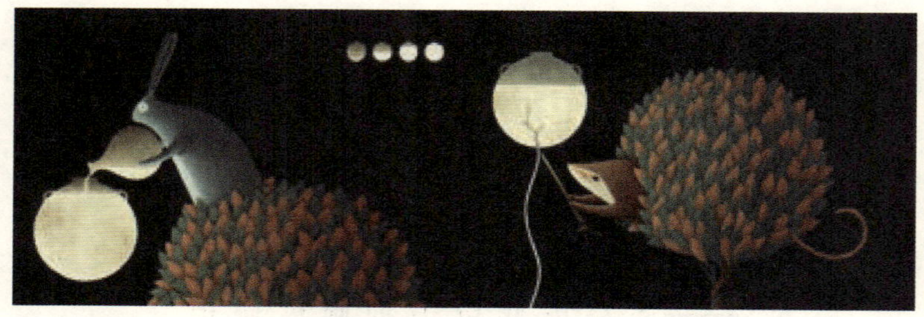

她回答说，她喜欢这幅画，因为它很神秘，看着像是某种古老的魔法。也许天上的星星和月亮是他们变出来的。她的母亲讶异地对我说："我以为小孩子都喜欢明亮的、艳丽的画面。但没想到她会被这幅画如此吸引。"

后来，我给作者写了邮件，询问这幅画的创作意图。戴维·丹尼尔·阿尔瓦雷斯·埃尔南德斯是一位年轻的墨西哥插画家。他回复我说，这一组图画的确是关于一个中美洲的创世神话——古代墨西哥人喜欢将月亮与一壶满满的龙舌兰酒联系在一起。

"中美洲的民间传说里有许多有趣的人物，我试图从这些传说中挑选一些小小的碎片，刺激人们对于中美洲文化的好奇心。至少在墨西哥，人们对于这些古老的本土文化是很看不上的，或者说兴趣奇缺。"

这件事情让我意识到，也许孩子与这些童书插画创作者之间真的有着某种程度的心意相通，是我们这些成年人所无法理解的。孩子以本能的情感理解他们的画，包括画中的故事和情感，而成年人则更倾向于按图索骥，试图以逻辑去推理画面中每一个元素落在每一个地方的原因，希望由此推导出作者叙述一个故事，或者表达某种思想的匠心，结果却是误入歧途。

如果你观察过小孩子画画，你会知道，孩子能画出很神奇的画。

他们从不惧怕，他们从周围的世界，从自己的想象里画画，画中的气韵生动是专业画家无法达到的。

我看过一个朋友的孩子画树林，那些树看起来像一根根五颜六色的棒棒糖，天空里有一个太阳和一个月亮，一条疯狂的河流穿过整个画面。完全的超现实，却是奇迹一样的想象力。直到成年人开始评判他们的画，汽车怎么能只有三个轮子呢？人的腿怎么能这么长？在这些质疑面前，孩子失去了信心，不再画画。

很遗憾，绝大部分的成年人无法回到童年时的那双眼睛，也无法再拥有天马行空的创造力，除了极少数人例外，比如我眼前这些插画的作者。

博洛尼亚童书展是世界上规模最大的儿童图书博览会，创办于1964年，从第三届开始创立插画奖并同期举办插画展览。每年，全世界3 000多名插画艺术家向博洛尼亚童书展投稿，只有70~80名插画师能入选，说他们代表最高的国际水准和方向并不为过。

对于童书而言，插画为何如此重要？

意大利方代表埃莱娜·帕索特利在接受采访时，引用捷克女插画师柯薇·巴可维斯基（Květa Pacovská）的话说，“图画书是孩子参观的第一座艺术画廊”。

在识字之前，孩子是天然的图像阅读者，一流的图画书为孩子的审美提供了丰富的艺术养分。但绘本所开辟的视觉探索决不仅限于审美的层面，而是更加丰富多元的层面上。正是通过图像，孩子理解故事所设定的世界，他们通过画中人物的面部表情与身体语言阅读角色的情感与互动。还有幽默感，就视觉的幽默而言，没有比绘本更多样化的表现媒介了，温柔的、机智的、风趣的、闹剧的……

事实上，绘本作为一种独立的媒介形式的出现，恰恰是在130多年前，英国插画家伦道夫·凯迪克第一次大幅提升插画在叙事中的功能，而不仅仅是作为文本的装饰。正是插图与文字的珠联璧合，将孩子带入一个充满魔法与创造力的世界。

关于绘本的文字与插图之间的关系，桑达克有过一段很精彩的论述：

“如果只是把文字翻译成图像，那就太无聊了——作者已经做到了这一点。所以，作为插画家，你必须提供一些不一样的东西：无论是修饰文字，或者进入文字内部、绕过文字，但以某种奇妙的方式让它变成一种美丽的东西。这才是插画家的乐趣所在。”

在《孩子的绘本：以视觉讲故事的艺术》（*Children's Pciturebooks: The Art of Visual Storytelling*）中，英国学者马丁·索尔兹伯里（Martin Salisbury）认为，作为一种叙事媒介，绘本最重要的特征是“简单与优雅”——“无论是故事，还是意义，要把它压缩到一个非常短小的格式里（通常是32页）是很难的，但同时保持它的优雅就更难了。”

当这些世界上最好的插画家必须以5幅，甚至更少的画面来讲述一个故事时，呈现在我们眼前的，会是一个什么样的故事呢？也许是像下面这样的。

《A的故事》／渡边智子／日本

日本画家渡边智子出生于京都，大学里学的油画，毕业后在糖果公司做设计，从1989年开始从事自由插画。她说自己是一个孤独的孩子，总是在想象的世界里自己跟自己玩，想象着自己是一只狼的孩子，或者一个水池通往某个地下世界。

“我脑海里的第一个画面是小老鼠站在一个洞口。我想象着洞的另外一侧是一个什么样的世界。你得需要一点儿勇气才能爬进那个洞里，但同时也是一个令人兴奋的挑战。

“小老鼠不满意与大家族一起生活的状况。有一天，一只红色的大熊告诉他关于这个洞的事情，小老鼠勇敢地跳进了洞里。在那里，他遇到了新的朋友，开始了新的生活。

“我从小喜欢画画。用树枝在地上画画，在能找到的任何一张纸上画画……”她告诉我，“我从未因为是给孩子画的，就刻意逢迎所谓孩子的喜好。我更愿意按自己的心意将每一幅画画到最好。这个过程充满了爱。我甚至爱其中的一切艰难。如果让我说自己最快乐的时候，大概就是一边思考，一边看着脑海里的角色渐渐从笔端出现在纸上。”

《去远方》／黄雷蕾／中国

《去远方》是中国插画家黄雷蕾的作品。作品的灵感来自于2014年夏天去川西高原的经历。“那是我第一次看到绵延不绝的、层层叠叠的、安静又庄严的山，非常感动，几近落泪。

“学前班的时候被爸妈带去少年宫，逛一圈看了五花八门的兴趣班，我选了美术班。现在还记得我在第一节美术课画了一只企鹅。

“画画在不同的阶段对我的意义不一样。小时候更多的是好玩和成就感，当时我包揽了班级和年级的黑板报工作，借此机会逃过了好多数学课。长大后，画画变成了一种思考方式，我可以借着创作反观自身，清算过去，拷问现在。”

《晚安，指挥官》／娜戈·穆罕默德／伊朗

小男孩在战争中失去了母亲和自己的一条腿。他在卧室里制造了一场想象中的战争。在他的假想敌里，有一个同样失去了腿的小锡兵。同病相怜之下，他将自己的假腿借给了他。母亲从墙上的照片中向他微笑，抚慰他的伤痛。

《晚安，指挥官》是伊朗女插画家娜戈·穆罕默德（Narges Mohammadi）为艾哈迈德·亚克巴普尔（Ahmad Akbarpour）的一本小说所画的插画，让我们得以一瞥一个战争中的男孩的内心世界。正如娜戈所说："这不是关于某一场战争，而是关于所有的战争。"

事实上，她本人的童年也在战争（两伊战争）中度过。"我还记得当年父母的恐惧和焦虑，却不明白战争到底意味着什么。在这本书中，我才真正明白了什么是战争，也试图用自己的插画来表达这种理解。"

"就像笑、玩、愉悦、舒适、安全一样，孩子同样会体验恐惧、仇恨、复仇、分离、愤怒以及其他一切我们认为不好的情感。但我们不应该因此拒绝承认这些情感的存在。比如战争中的孩子，他们可能会变成孤儿，体验可怕的经历与情感。但通过讲述战争，他们可以发现和平。通过讲述某种情感，我们能够学会理解这种情感的反面。”

《火柴盒里的卡尼娅》／北见叶胡／日本

一个叫卡尼娅的小姑娘住在一本书中，有一天，她决定出去来个小小的冒险。她被外面那么多好玩的东西弄得不知所措，最后决定先坐一下有轨电车。电车驶入隧道，隧道里星光闪烁。卡尼娅看到熊妈妈和熊宝宝把星星放在嘴巴里嘎嘣嘎嘣咬。她也试了一下，星星吃起来好像冰糖。

终于，车子驶出了隧道，突然出现了一个巨大的孩子。她把卡尼娅放在手掌中间说：“该回家啦。”当卡尼娅站在女孩的手上时，看到电车和河流都变小了。女孩把她放在一本打开的书上，“今天就到这里吧”。

北见叶胡告诉我，今天她所画的一切，都与童年的经验与记忆相关。小时候，她就是一个耽于幻想的孩子，她喜欢幻想那些缩微世界里的冒险，长时间地盯着草地，或者在花园里挖一个洞，幻想着在那里建一个秘密基地。她说自己热爱一切生物，狗、兔子、松鼠、甲壳虫、蚂蚁，甚至蟑螂。对她来说，画画是一次次幻想成真的旅程，用平常喜爱的这样那样的生物，创造出她的主人公，小时候在花园里观察过的植物，变成了笔下奇怪的风景。小时候她家里有一个很可爱的西方式的客厅，她画的很多房子都是以那个客厅为蓝图的。

《PE和广阔的世界》／瑞夫斯汀·纳杰菲／伊朗

书中的PE不是金融上的概念，巴西作家保罗·文图勒利（Paulo Venturelli）用一种诗意的语言写了这样一个故事：一个小男孩逐渐发现世界上一切点点滴滴的事物其实都在他的内心。伊朗插画师瑞夫斯汀·纳杰菲读到了这个故事，受到巨大的震撼，决定把这个神奇的故事画出来。

“这个神奇的文本给了我一种巨大的自由度，创造文本之外的图像的自由。我搜集了有关巴西文化的很多素材，人物、环境、自然，甚至孩子的游戏。但我必须承认，作为插画师，我受到古老的波斯艺术的许多影响，包括那些古老的图案、颜色、雕塑，这是我的血液里的东西。但这是一个普遍的故事，发生在几乎地球的每一个角落。我一直提醒自己找到一种简单、普通的语言来传达给所有的读者。

“我从小热爱画画，创造自己的艺术，每次都让我又兴奋又快乐，就像发现一个新的世界。每次画画，我都觉得自己仍然是那个6岁的小女孩。”